算数教科書の「図」はこう教える！
数学的な表現方法教え方ガイドブック

志水 廣 監修・前川公一 編著

明治図書

はじめに

　本書は，算数教科書に登場する図について，系統的・継続的に指導する具体的な方法を紹介したものである。「教科書には，テープ図，線分図，数直線図，面積図，関係図などが出てきますが，その指導について詳しいものがありません。数学的な思考力・表現力の育成のためには，図の役割の位置づけと具体的な指導の手立てが必要かと思われます」と前川公一先生が提案しているように，最近の算数教科書では図の見方，かき方について手順を明記するように親切な記述になってきたが，図の指導の仕方になると，十分であるかというとそうではない。現場に任せられているというのが現状である。

　つまり，図については，「教師が指導の仕方がよく分からない」「指導の時間が確保しにくい」「適当な教材や資料がない」などの課題がある。

　そこで，算数科で重要と考えられ，指導すべき数学的な表現方法を取り上げ，それらの効果的な指導の仕方（1ページ）と授業ですぐに使えるワークシート（1ページ）を見開きで紹介し，算数指導に役立てようと考えたのである。

　問題解決において，図を使うよさは，簡潔性と関係把握にある。問題文にある情報を図に表現すると，多くの情報をぱっと見て捉えることができる。また，図に表現する段階で思考の外化がおき，思考過程を振り返ることでさらに関係を見抜くことができるようになる。

　したがって，「数学的な思考力・表現力を育てる算数授業」の創造のためには，各学年で数学的な表現方法を系統的・継続的に指導することが大切である。

本書の企画については当初，面白いと思うと同時に困難な作業だと感じたが，実際に，できあがってきた原稿を見ると，よくぞここまで完成させたというのが実感である。とても使いやすいものとなっている。北九州市の算数研究会の有志の方々は，これまでにも『すぐに役立つ！　365日の算数授業づくりガイドブック』，『活用力・思考力・表現力を育てる！　365日の算数学習指導案』1・2年編，3・4年編，5・6年編の3冊，『算数授業に役立つ！重要単元の学習指導案＆板書モデル35』（明治図書）の5冊を刊行されている。これらの研究の実績があるからこそできあがった本書である。

　ぜひとも手元において，算数教科書にある図を問題解決において使いこなすような子どもの育成を図りたい。

　北九州市の算数研究会の皆様のご尽力に対して敬意を表します。

平成27年1月

愛知教育大学　志水　廣

Contents

はじめに …………………………………………………………………………………………… 2

Chapter 1
数学的な表現方法の指導のポイント

  ❶ 数学的な表現を高める意義 ………………………………………………… 8
  ❷ 数学的な表現方法（様式・手段）の指導について ……………………… 12

Chapter 2
第1学年● 数学的な表現方法の指導アイデア

  1 指導のポイント　　2 指導の手順　　ワークシート

数と計算

  ① あわせて　いくつ（合併）　　　ブロック ……………… 16
  ② ふえると　いくつ（増加）　　　ブロック ……………… 18
  ③ のこりは　いくつ（求残）　　　ブロック ……………… 20
  ④ ちがいは　いくつ（求差）　　　ブロック ……………… 22
  ⑤ くりあがりの　ある　たしざん　ブロック ……………… 24
  ⑥ くりさがりの　ある　ひきざん　ブロック ……………… 26
  ⑦ かずの　ならびかた　　　　　　数の線 ………………… 28

数量関係

  ⑧ 3つの　かずの　けいさん　　　ブロック図 …………… 30

Chapter 3

第2学年● 数学的な表現方法の指導アイデア

数と計算

① くり上がりの　ある　たし算の　ひっ算　　計算棒（絵図）……… 32
② くり下がりの　ある　ひき算の　ひっ算　　計算棒（絵図）……… 34
③ 10000までの　数　　　　　　　　　　　　数の線……………… 36
④ 何の　いくつ分　　　　　　　　　　　　　ブロック…………… 38
⑤ 九九の　つくり方　　　　　　　　　　　　アレイ図…………… 40

数量関係

⑥ 図を　つかって①（加法の順思考）　　　　テープ図…………… 42
⑦ 図を　つかって②（減法の順思考）　　　　テープ図…………… 44
⑧ ふえたのは　いくつ（加法の逆思考）　　　テープ図…………… 46
⑨ へったのは　いくつ（減法の逆思考）　　　テープ図…………… 48
⑩ はじめの数は　いくつ①（加法の逆思考）　テープ図…………… 50
⑪ はじめの数は　いくつ②（減法の逆思考）　テープ図…………… 52
⑫ ちがいを　みて①（求大の逆思考）　　　　テープ図…………… 54
⑬ ちがいを　みて②（求小の逆思考）　　　　テープ図…………… 56

Chapter 4

第3学年● 数学的な表現方法の指導アイデア

数と計算

① 小数のたし算①　　　　　　　　　　　　　液量図……………… 58
② 小数のたし算②　　　　　　　　　　　　　数直線……………… 60

数量関係

③ はじめの数はいくつ　　　　　　　　　　　線分図……………… 62
④ かくれた数はいくつ　　　　　　　　　　　関係図……………… 64

Chapter 5

第4学年 ● 数学的な表現方法の指導アイデア

数と計算

① 小数×整数　　　　　　　　　　線分図 …… 66
② 分数＋分数①（同分母の分数）　　数直線とテープ図 …… 68
③ 分数＋分数②（帯分数のはいった）　数直線とテープ図 …… 70

数量関係

④ 図に表して　　　　　　　　　　関係図 …… 72
⑤ 何倍でしょう　　　　　　　　　関係図 …… 74

Chapter 6

第5学年 ● 数学的な表現方法の指導アイデア

数と計算

① 小数×小数①　　　　　　　　　数直線とテープ図 …… 76
② 小数×小数②　　　　　　　　　2本の数直線 …… 78
③ 小数÷小数　　　　　　　　　　数直線とテープ図 …… 80
④ 分数＋分数（異分母の分数）　　　液量図 …… 82
⑤ 分数×整数①　　　　　　　　　数直線と面積図 …… 84
⑥ 分数×整数②　　　　　　　　　2本の数直線 …… 86
⑦ 分数÷整数　　　　　　　　　　数直線と面積図 …… 88

数量関係

⑧ 割合①　　　　　　　　　　　　線分図 …… 90
⑨ 割合②　　　　　　　　　　　　数直線 …… 92
⑩ 割合③　　　　　　　　　　　　関係図 …… 94

Chapter 7

第6学年 ● 数学的な表現方法の指導アイデア

数と計算

① 分数×分数①　　　　　　　　数直線と面積図 ……… 96
② 分数×分数②　　　　　　　　数直線と面積図 ……… 98
③ 分数×分数③　　　　　　　　関係図 ……… 100
④ 分数÷分数①　　　　　　　　数直線と面積図 ……… 102
⑤ 分数÷分数②　　　　　　　　2本の数直線 ……… 104

数量関係

⑥ 比とその利用①　　　　　　　線分図 ……… 106
⑦ 比とその利用②　　　　　　　関係図 ……… 108
⑧ 資料の調べ方　　　　　　　　数直線 ……… 110

おわりに ……… 112
執筆者紹介

Chapter 1

❶ 数学的な表現を高める意義

（１）数学的な思考力・表現力を高める根拠

　数学的な思考力・表現力の育成については，これまでも言われてきたことであるが，現在の学習指導要領の改訂において，特に強調されている事柄である。その大本は平成20年１月の中央教育審議会の答申に明確に述べられている[*1]。その部分を志水なりにまとめ直してみよう。

　数学的な思考力・表現力は，次の２点になる。

① 合理的，論理的に考えを進めることができる。
② 互いの知的なコミュニケーションを図ることができる。

　また，後半部分で，前半を補足する形で，次の５点をあげている。

ア　根拠を明らかにし筋道を立てて体系的に考えること
イ　言葉や数，式，図，表，グラフなどの相互の関連を理解すること
ウ　それらを適切に用いて問題を解決すること
エ　自分の考えを分かりやすく説明すること
オ　互いに自分の考えを表現し伝え合ったりすること

　したがって，数学的な思考力・表現力の育成は，第一に，論理的な思考を促すものである。言い換えると，根拠を明らかにして筋道立てて考えることにつながると述べている。そこで，思考力と表現力はセットして扱われていることに注目したい。

　頭の中で考えていると言っても，実際はどのように考えているかは分からない。それを頭の中から出力することが大切である。それを佐伯胖氏は，「とりあえず形にする」という思考の外化を薦めている[*2]。

　このように，思考の外化を考えるとき，思考力と表現力がセットになっていることはうなずけることである。そこで，ある問題を解決するとき，数学的に思考し，要素を明確にし，関係の抽出を行うのに役に立つのが線分図や関係図などの図的表現である。

　問題文の文章でごちゃごちゃしていた言語情報を整理して要素と数量の関係の観点から図に表現することとなる。線分図は，問題文にある数量の大きさを線で表し，それらの線をつなぐことにより関係性を表現することとなる。だからこそ，図を見れば全体の構造が分かりやすくなるのである。言い換えると，図に表現していくことで解決の方向が導き出せるので，図に表現していくこと自体が図で考えるということである。

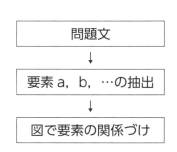

　また数学的な思考力と表現力は，第二に，コミュニケーションを促進する意義があるという。

　個人の思考で考えたことを数学的な表現として数，式，図，言葉などで，教室で発表し合うことは，教師と子どもとのコミュニケーションまた，子ども同士のコミュニケーションにおい

て役立つものである。子どもの表現を知ることによって，教師はその思考の実態を把握でき，それを適切に評価し，さらに高いレベルへと導くことになる。また，子ども相互のコミュニケーションにおいては，お互いの考えの相互理解とともに新たな触発が起き，新しいアイデアが出ることにもつながる。コミュニケーションは単なる説明する力の育成だけではなく，お互いの「知」の発見が響き合い，新しい数理への発展となることを期待している。例えば，式について，新しい見方，図の新しい解釈なども起きることを想定していると考える。

（2）数学的な思考力・表現力について

　もう少し平たく述べてみよう。
　数学的に思考しているとは，どういうことか。それは，数学的な概念形成の場面において，具体的な事象から数，量，図形という抽象的なものを取り出して，それらの関係を把握することである。数，量，図形は抽象的であり，また関係も抽象的である。頭の中のイメージにすぎない。リンゴが3こという具体物はあっても，数「3」というものは実在の世界には存在しない。「5＋3」というたし算も存在しない。人間が人為的に作り出したものである。よって，頭の中で理解するためには，何らかの道具が必要である。それが，数学的な表現である。つまり，数学するということは，数，量，図形，関係などの数学的な表現を扱うことにほかならない。
　具体から抽象へ移行させるとき，いきなりできないので，操作的な活動や図的な表現が補助となる。いわゆる算数的活動を通して算数の学習を進めるという学習指導要領の目標は当然のことである。また，図的表現も目に見える形で数学的な思考を具現化した一つの形態で数学的な思考を進めるのに役立つ。図を通して，数学を思考する。この場合，図を見て関係を把握したり，図に表して関係を把握したりすることになる。
　ここで，数学の概念形成と数学的な思考力・表現力について具体例をあげて説明しよう。
　たし算という概念形成を考えてみる。たし算で言えば，二つの数量があり，それを合わせていくつ（合併）または増えるといくつ（増加）の意味をつなげることである。下の場面を見てほしい。

　ドーナツの数5こと3こを「あわせてなんこですか」という問いのもとに，いろいろな数学的な表現が登場する。ブロックでの操作による図的表現，式による表現，「5たす3は8」という言語的表現がある。

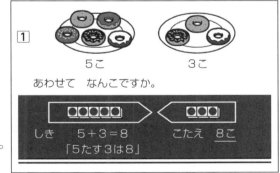

　これらから，5こと3こを合わせたら結果として，8こになるということを学ぶことになる。
　5こを意識する，3こを意識するのは既知のことであり，合わせたらいくつになるかという場面を思考するときに，既知と未知がつながる。そのとき，合わせるという意味とともに，動的操作，操作の表現図，式による表現，言語によ

る表現を学ぶことになる。したがって，数学的な思考力と表現力は密接に関係している。この後，子どもはたし算という数学的な思考を活用していくことが絶えず求められていく。補足すると，志水は最近，数学的な考え方というのは片桐重男氏らが分類整理されたものが有名であるが，たし算も数学的な考え方だと捉えている。つまり，数学的な内容そのものに数学的な概念が存在する以上，そこには何らかの数学的な考え方がある。たし算，ひき算，かけ算，わり算も数学的な内容であるとともに，数学的な思考だと言いたい。

中原忠男氏は「数学的概念や原理の，子どもによる構成を中心とする授業を考える場合，表現方法はきわめて重要な役割を担っている。というのは，そうした授業は一般には現実的場面から始まり，数学的抽象を経て最終的には数学的記号の理解，活用に至ると考えられるが，その間にレベルの異なるさまざまな表現方法が介在することとなり，しかも，それらの表現は学習の目標ともなり，学習の内容ともなり，さらに学習の方法ともなる。つまり，表現は，3重の機能を担っていることになるからである。」[*3]と述べている。すなわち，志水なりに解釈すると，概念の理解と活用には，数学的な思考の存在があり，その思考の現れとして数学的な表現が大切だと説いていると考える。

（3）数学的な思考力と，図に表すこと及び解釈の仕方

上の事例のたし算で図的表現についてさらに考えてみる。りんご5こと，3この合計は数学的な表現として数と式で表される。

5 + 3 = 8

これを図に表すとどうなるのか。ブロック図で表すと，下のような2段階の図になる。

```
      5こ           3こ
  ■■■■■   ＋  ■■■                …①
              ↓
         ぜんぶでなんこ？
      ■■■■■■■■                    …②
```

①は，問題文の数量を抜き出している。つまり，りんご5こと3この存在を示しているだけである。そこに，②のように二つの数量の結合の図がある。この結合こそが関係把握である。さらに，②の結合だけでなく数量がいくつあるかという視点で数えることが必要となる。

```
  ■■■■■■■■                         …②
  1 2 3 4 5 6 7 8                    …③
```

この数えることによって，答え「8」が導かれる。この場合，「5と3で8」と合成・分解で求めることが望ましいが，なかなかそれはできないので，数える（1から数える，5を頭に

して 6, 7, 8 と数える）→念頭で数える→5 と 3 で 8 と出す，という段階を踏む。

　ここで，たし算と図の関係を振り返ってみると，まず初めに数量の図化（①）があり，次に数量の関係づけ（②）があり，最後に関係づけた図の解釈によって答えを求める（③）ことになる。特に，最後の図の解釈というのが大事な作業になる。図をどのように見ればよいかについて教師の指導が不可欠である。

　図に表すと見えていなかった関係が見えるようになる。関係が見えていない場合は，見えるように捉え直すということにほかならない。子ども同士のコミュニケーションの場を設け，教師が図の見方を指導することが大切であり，また数学的に思考することでもある。

　例えば，逆思考の問題をテープ図や線分図に表すと，問題が順思考として見えてくる（本書 Chapter 3 の第 2 学年の加法の逆思考 p.46，減法の逆思考 p.48 を参照）。未知の量をわざわざ □とおいて代数的に表現して解かなくても，図に表せば順思考として解けるのである。問題解決の意図に沿った適切な図の見方，解釈の仕方を指導したい。

　なお，本書では，図のかき方のワークシートに目がいきがちであるが，実は，その前に指導のポイントとして図の解釈の仕方も十分に解説されていることに注目して指導に当たりたい。

（4）図による指導上の留意点

　ここで，算数の概念形成において図について留意点をまとめておく。
① 算数の概念形成には，算数的活動とともに図による表現は役立つ。
② 図に表すということは，算数を考えていることである。
③ 図に表すときは，問題文から要素を抜き出し，関係を図に表すことである。
④ 図はできるだけすっきり表すことである。
⑤ 図に数量の関係を表すと全体と部分の関係が明確になる。
⑥ 図は表すことも大切であるが，図の解釈も大切である。
⑦ 図をいきなり「かきなさい」と言われてもなかなかかけない。簡単な関係を表す図からかくことである。例えば，第 1 学年のたし算，ひき算から図に表すことは始まる。
⑧ 図のかき方をていねいに指導し，繰り返しかかせることである。
⑨ 図をかくことのよさを子どもに分からせるには，かいた図を適切に評価することである。かいた本人をほめることはもちろんであるが，他の子どもにも紹介してよさをほめることである。
⑩ 図にかくことは算数の道具である。図にかくことだけを目標にしてはならない。問題解決に役立つことを意識して指導したい。

（志水　廣）

〈引用文献〉
＊1　中央教育審議会，『幼稚園，小学校，中学校，高等学校及び特別支援学校の学習指導要領等の改善について（答申）』，文部科学省，平成20年1月，pp.83-84
＊2　佐伯　胖，『新・コンピュータと教育』，岩波新書，1997，p.104
＊3　中原忠男，『算数・数学教育における構成的アプローチの研究』，聖文社，2001，p.193

❷ 数学的な表現方法（様式・手段）の指導について

（1）表現力の育成と表現方法

　算数授業では，算数的活動を一層重視し，基礎的・基本的な知識・技能を確実に身に付け，数学的な思考力・表現力を育て，学ぶ意欲を高めることがねらいとなった。そのために，算数授業において，教師は児童の考えの根拠を明らかにさせ，筋道を立てて考えることを重視した展開をする必要がある。そこでは，児童が言葉や数，式，図，表，グラフなどを適切に用いて問題を解決したり，自分の考えを分かりやすく説明したり，互いに自分の考えを表現し伝え合ったりすることなどの活動を充実できるようにしなければならない。なかでも，計算領域では，その意味や計算の仕方を言葉や数，式，図を用いて考え，説明する活動を低学年から高学年にわたって繰り返し指導することが求められている。計算の意味や計算の仕方を考えたり，説明したりするときに用いる図は，各教科書で異なるが，ブロック図，アレイ図，テープ図，線分図，数直線等が学年ごとに児童の発達段階に応じて配置され繰り返し出てくる。

　しかしながら，どの学年で何をどこまで指導するのかについては，必ずしも明確なものがあるわけでない。そのためか，児童はそうした表現方法を用いて考えたり，説明したりする力が十分に身に付いているとは言い難い。そうした力は，児童に自然と身に付き，活用できるようになるものでなく，意図的・計画的に指導する中で培われるものである。各学年での指導計画を立て，具体的な指導の仕方を共通理解して，学校全体で取り組むことが必要である。今までもこうした提言をしてきたものの具体的な指導までには至っていなかった。

　そこで，私たちは，現在使用されている教科書を基に，どのような表現方法をいつ，どこで，どのように指導していくのかを明らかにし，児童の学習プリントを作成し表現力を高めていくことにした。児童が問題解決に当たって，表現方法を活用して，自ら考え，まとめ，説明していく力をつけるとともに，算数をつくり上げていく楽しさやよさを実感できるようにしたい。

（2）本書で取り扱う表現方法

　表現方法は，学習指導要領で明確な指導の基準があるわけではない。各教科書でもそれぞれ取り扱うものや重点の置き方も異なっている。本書では，次のような学年での配列をしている。

表現方法と学年配列

	1年	2年	3年	4年	5年	6年
① ブロック・ブロック図・計算棒（絵図）	○	○				
② 数図・アレイ図	○	○				
③ テープ図（帯図）		○	○	○		
④ 線分図				○	○	○
⑤ 数直線（数の線）	○	○	○	○	○	○
⑥ 関係図			○	○	○	○

	1年	2年	3年	4年	5年	6年
⑦ 液量図（水槽図）			○	○	○	○
⑧ 面積図					○	○
⑨ 数直線図（2本の数直線）					○	○
⑩ 数直線図（数直線とテープ図）				○	○	
⑪ 数直線図（数直線と面積図）					○	○

従来から，算数科において，問題場面や計算の意味や仕方を考えたり，説明したりするとともに，視覚的に表現できる表現方法を用いていた。例えば加法や減法ではブロック図やテープ図，線分図，乗法や除法では数直線である。特に，今回の学習指導要領では，数直線や数直線図の取り扱いが具体的に例示され，各教科書においても，今まで以上にその取り扱いが増えてきている。本書ではそうした状況を踏まえ，次のような表現方法と学年での取り扱いをする。

（3）表現方法の特徴

本書で取り扱う表現方法について紹介する。実践編（Chapter 2 ～ 7）においてはそれぞれの学年や学習内容に沿った事例を取り扱うことにする。

① ブロック・ブロック図・計算棒（絵図）

ブロック・ブロック図・計算棒（絵図）とは，数量の具体的場面をそれらを用いて視覚的に表現するものである。特に，低学年での問題場面・構造を分かりやすく，知的好奇心を揺さぶる表現ができるよさがある。

ブロック図とは，数量を算数で使用するブロックのような図をかいて表現したものである。加法や減法などの意味理解や計算の仕方を考えたり，説明したりするときに用いられる。ブロック図で表現することにより，ブロックのように操作することもでき，実感を伴った理解をすることができる。ブロック図をつないで表現することによりテープ図へと発展できる。

② 数図・アレイ図

数図とは，児童が数のイメージを捉えやすく，数を一目で分かるように○で図化したものである。数図では，○一つを数の1と対応して表現する。数図は，数を量感をもって捉えさせたり，数の構成を理解させたりするのに用いられる。

アレイ図とは，○を縦横に規則正しく並べた図である。九九の構成の指導に用いられる。アレイ図は，縦1列の○の個数を基準量としてその幾つ分という見方で全体の数を見付けることができる。また，縦の○の個数と横の○の個数をかけると全体の○が求められることが分かる。

③ テープ図（帯図）

テープ図とは，数量の関係をテープの長さで表現したものである。テープ図は，問題を解くときにその構造を分かりやすく表現できる。そのため，テープ図に表すと数量の関係を視覚的に理解したり，確かめたりするのに効果的である。演算の決定も容易にできる。また，テープ図は，ブロックやおはじきなどの分離量から長さや重さなどの連続量まで表現できる。さらに，

テープ図は，その幅をなくしていくと，線分図へとつながる。

④　線分図

　線分図とは，数量の関係を線分で表現したものである。線分図はテープ図と比べると１本の線分で手際よく表現できるよさがある。そのため，線分図は数量の和や差，割合と実数の関係などによく用いられる。

⑤　数直線

　数直線とは，直線上に数を対応させて表現したものである。直線上の一番左に原点０の印を付け，右へ等間隔の点をとり，数を対応させ目盛りを付けたものである。各点は，順序数を表し，原点から各点までの距離は集合数を表している。数直線では，右に進むほど数が大きくなる。数の大小や，順序，系列など数量の関係を視覚的に捉えたり，確かめたりできるよさがある。１目盛りのとり方によって，整数や小数，分数などを表現することができる。第１学年では「数の線」，第３学年で「数直線」という用語を指導する。

⑥　関係図

　関係図とは，数量の関係を文脈に沿って図や矢印などを用いて，その関係を簡潔に表現したものである。関係図は，２量が比例関係にある場面などで倍関係や対応関係を表現できるよさがある。つまり，一方の量が，他方の量の何倍になっているかを矢印を用いて簡単に図示できる。数量の関係を線分図で表現したものから乗法的な関係を表現するものとして関係図を用いる。

⑦　液量図（水槽図）

　液量図とは，数量を液量の図で表現したものである。量を液量図で表現することにより，小数や分数を表現することができ，視覚的に捉えるよさがある。さらに，液量図は面積図へと発展する。

⑧　面積図

　面積図とは，数量の乗除の関係などを長方形や正方形の形で表現したものである。面積図は，分数×整数や分数÷整数，分数×分数，分数÷分数，分数を用いた割合の問題など視覚的に表現できるよさがある。

⑨　数直線図（２本の数直線）

　数直線図（２本の数直線）とは，２つの数量の関係を２本の数直線で表現したものである。それは比例数直線とか複線図などとも呼ばれる。２本の数直線のうち下の数直線には割合をかき，上の数直線にはそれに対応する数量をかく。下の数直線は割合で言うと「もとにする量」になるので１をかき入れる。それに対応する「比べる量」を上の数直線にかき入れる。２つの数量を数直線の目盛りで表すことで，それらの対応関係や比例関係がより簡潔に表現できる。

⑩　数直線図（数直線とテープ図）

　数直線図（数直線とテープ図）とは，数量の関係を数直線とテープ図で表現したものである。

下の数直線には割合をかき，上のテープ図には数量をかく。下の数直線には，「もとにする量」は割合で言うと1になるので1をかき入れる。上のテープ図には，それに対応する数量「比べる量」をかき入れる。

⑪ 数直線図（数直線と面積図）

数直線図（数直線と面積図）とは，数量の関係を数直線と面積図で表現したものである。下の数直線には割合をかき，上の面積図には数量をかく。下の数直線には，「もとにする量」は割合で言うと1になるので1をかき入れる。上の面積図には，「比べる量」をかき入れる。

※表現方法について本書では，「数直線とテープ図」など「数直線と○○図」を組み合わせたものを数直線図（⑨，⑩，⑪）と呼ぶことにして，③テープ図や⑤数直線などとは分けて分類している。指導に当たっては，それぞれ柔軟に関係づけて指導するようにするとよい。

（4）本書の実践編（Chapter 2～7）とその様式について

本書のChapter 2～7では，見開き2ページで構成している。1ページ目は教師用の表現方法の指導についての説明，2ページ目は児童用のワークシートである。ワークシートは，適宜コピーをして使用できるようにしている。具体的な様式は，次のようなものである。

1ページ目（教師用）

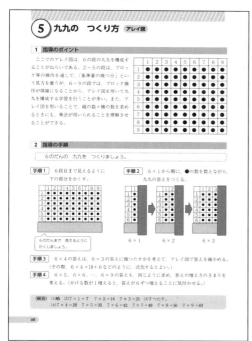

2ページ目（児童用ワークシート）

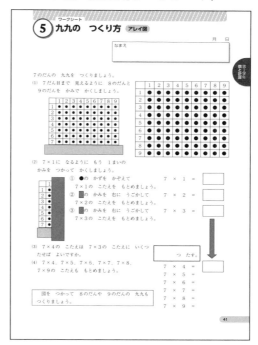

（前川公一）

〈参考文献〉
中央教育審議会（2007）「教育課程部会算数・数学専門部会（第10回）配付資料」
文部科学省（2008）『小学校学習指導要領解説　算数編』東洋館出版
日本数学教育学会編（2009）『算数教育指導用語辞典　第④版』教育出版
志水　廣（2012）『算数教科書の用語・記号教え方ガイドブック』明治図書出版

Chapter 2

① あわせて いくつ（合併） ブロック

1 指導のポイント

ここでのブロック操作は，加法（合併）の場面を理解できるようにすることがねらいである。まず，2つの集合を意識させて，場面の様子をブロックに置き換える。次に，ブロックを両方から同時に引き合わせることを意識させ，その際「あわせて」と唱えさせる。

2 指導の手順

「（左側に）カエルが3匹います。」　　「（右側に）カエルが2匹います。」

手順1 場面の様子をブロックに置き換える。
○枠だけのワークシートの上で操作させる。左右のカエルの数を声に出しながら確認してブロックを置くことで，2つの集合を意識させる。

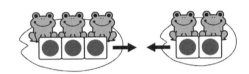

手順2 ブロックを操作して，「あわせる」ことの意味を理解する。
○お話を読み，それにあわせて操作させる。「あわせて」という言葉を声に出させながら，両手で同時にブロックを動かす。

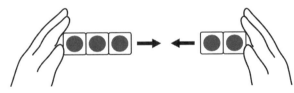

手順3 カエルの数を変えてお話をつくり，ブロック操作によって合併を理解する。
○ここでは合計が10をこえないようにするために，左右それぞれ5までの数とする。
○全体で，隣同士でと，問題を出し合いながら数多く操作をさせる。

（例）

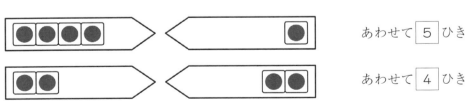

あわせて 5 ひき

あわせて 4 ひき

※ワークシートは，A3判に拡大して使用してください。

（解答）　1　略　　2　図は略，（式）4＋5＝9　（答え）9ほん

１ あわせて いくつ　ブロック

月　日

なまえ

1 つぎの もんだいを ぶろっくで おはなし しましょう。

おんなのこが 3にん，おとこのこが 4にん あそんで います。
あわせて なんにんに なりますか。

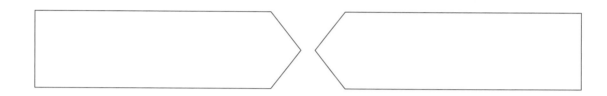

2 つぎの もんだいを ぶろっくで おはなし しましょう。

あかい はなが 4ほん，しろい はなが 5ほん あります。
あわせて なんぼんに なりますか。

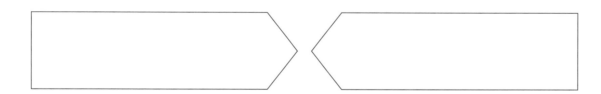

（しき）

（こたえ）　　　ほん

② ふえると いくつ（増加） ブロック

1 指導のポイント

ここでのブロック操作は，加法（増加）の場面を理解できるようにすることがねらいである。お話づくりを通して，4匹のカエルの集合に着目させる。そして，ブロックに置き換え，次にお話づくりで「増える」「くる」などブロックの動きをイメージさせる言葉を使って，2匹のカエルの動きを確認し，増加の場面であることを理解できるようにする。

2 指導の手順

> 4ひきの カエルが います。そこに カエルが 2ひき やってきました。

手順1 カエルが集まる場面の話をし，その場面を理解する。ブロックに置き換える。

手順2 4匹に2匹増える場面をブロックで操作し，「増える」という意味を理解する。
○右側から2個を左に寄せるように操作し，増えると6個になることに気付かせる。
○操作をしながら，「4匹から2匹増えると6匹になりました。」と言わせ，6を記入させる。

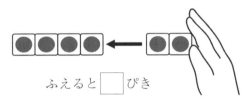

手順3 カエルの数を変えて，ブロック操作によって増加を理解する。
○ここでは，合計が10をこえないようにするために，増やす数は6までの数とする。
○全体で，隣同士でと，問題を出し合いながら数多く操作をさせる。

(例) はじめに 4ひき

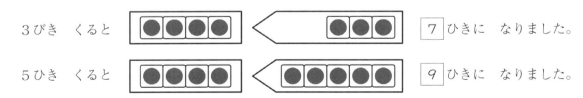

※ワークシートは，A3判に拡大して使用してください。

(解答) 1 略 2 図は略，(式) 5 + 2 = 7 (答え) 7だい

２ ふえると いくつ ブロック

月　日

なまえ

1 つぎの もんだいを ぶろっくで おはなし しましょう。

> すなばで こどもが ３にん あそんで います。
> あとから, ふたり くると, なんにんに なりますか。

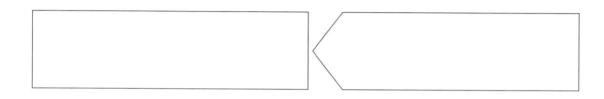

2 つぎの もんだいを ぶろっくで おはなし しましょう。

> くるまが ５だい とまって います。
> ２だい ふえると, なんだいに なりますか。

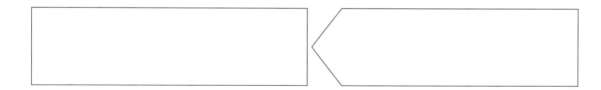

（しき）

（こたえ）だい

3 のこりは いくつ（求残） ブロック

1 指導のポイント

ここでのブロック操作は，はじめにある数量の大きさから，取り去ったり減少したりしたときの残りの大きさを求める場合の計算の仕方を理解できるようにすることがねらいである。

2 指導の手順

> かきが 5こ ありました。 2こ たべました。 のこりは なんこでしょう。

手順1 情景図の中の，数えたいものにブロックを置く。（1対1対応）

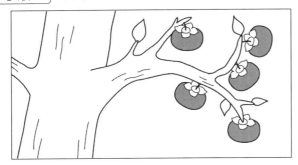

○情景図の最初の数量にブロックを置き，具体的な数として捉えさせる。

手順2 ブロックを並べて数える。

○右側から減らすことと，食べた2個をまとめて減らすことを約束する。

手順3 「ひく」動作をする。

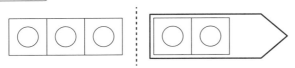

「のこりは いくつ」と
言いながら 左手で
右へ動かす。

○「ひく」動作をするときの約束として，最初のうちは，「のこりは いくつ」など唱えながら操作すると，児童は理解しやすい。

※ワークシートは，A3判に拡大して使用してください。

（解答） 1 図は略，（答え）3にん　2 図は略，（式）9－3＝6 （答え）6まい

３ のこりは いくつ　ブロック

月　日

なまえ

1 つぎの もんだいを ぶろっくで おはなし しましょう。

> ８にん あそんで います。５にん かえると なんにんに なりますか。

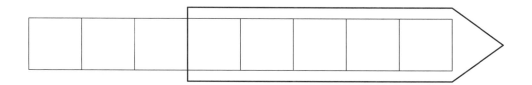

（こたえ）□ にん

2 つぎの もんだいを ぶろっくで おはなし しましょう。

> おせんべいが ９まい あります。３まい たべると なんまいに なりますか。

（しき）

（こたえ）□ まい

④ ちがいは いくつ（求差） ブロック

1 指導のポイント

　ここでのブロック操作は，2つの数量の差を求める場合（求差）を理解できるようにすることがねらいである。特に，「のこりはいくつ」の操作との違いに気付かせ，減法の意味を具体的に捉えることができるようにする。

2 指導の手順

> うさぎが　6ぴき　います。りすが　2ひき　います。
> うさぎの　ほうが　なんびき　おおいですか。

[手順1] 情景図の中の，数えたいものに赤いブロックを置く。（1対1対応）

○情景図で，2つの集合にブロックを置き，具体的な数として捉えさせる。

[手順2] ブロックを並べて数える。（多いほうが赤，少ないほうが青）

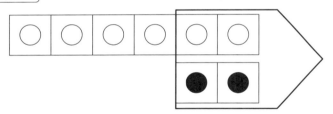

○色分けして，右側を揃えてブロックで表させ，「手をつないだ」などの言葉を使って，2つの集合を1対1対応させる。

[手順3] 「ひく」動作をする。

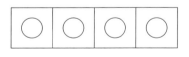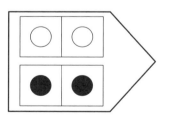

「ちがいは　いくつ」と言いながら　左手で右へ動かす。

○「ひく」動作をするときは，「ちがいは　いくつ」と唱えながら操作させる。

※ワークシートは，A3判に拡大して使用してください。

（解答）　1　図は略，（答え）2ひき　おおい　　2　図は略，（式）7－3＝4（答え）4つ

④ ちがいは いくつ ブロック

月　日

なまえ

第1学年 数と計算

1 つぎの もんだいを ぶろっくで おはなし しましょう。

　かえるが 5ひき います。おたまじゃくしが 3びき います。
　かえるの ほうが なんびき おおいですか。

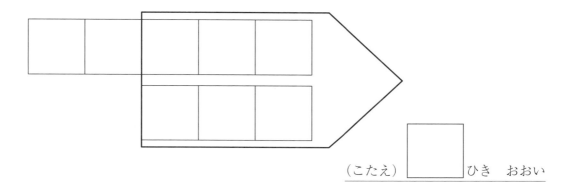

（こたえ）　　　ひき おおい

2 つぎの もんだいを ぶろっくで おはなし しましょう。

　えんぴつが 7ほん あります。きゃっぷが 3こ あります。
　かずの ちがいは いくつですか。

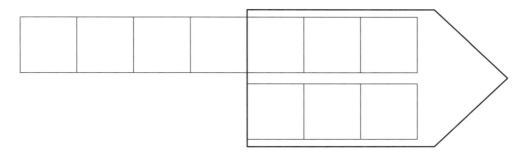

（しき）

（こたえ）　　　つ

5 くりあがりの ある たしざん ブロック

1 指導のポイント

　ここでのブロック操作は，繰り上がりのある加法（増加の場面）の計算の仕方を理解できるようにすることがねらいである。7＋4の問題で4を3と1に分けるという加数分解の手順に沿ってブロックを動かしながら声に出して唱えるように指導する。

2 指導の手順

　　くるまが 7だい とまって います。4だい くると なんだいに なりますか。

手順1　左側の10ます枠に，車7台分のブロックを7個置く。

手順2　増える車の台数4台分のブロックを，右側の10ます枠に4個置く。

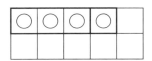

10を つくるには，あと 3を たせば よいです。

手順3　10のまとまりをつくるために，4を3と1に分ける。

4を 3と 1に 分けます。

手順4　左側の10ます枠に3を移動させ，10と幾つか考えて答えを出す。

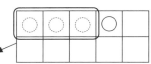

3を たすと のこりは 1です。
10と 1で 11です。

○最終的には，4を頭の中で3と1に分解し，次のような言葉で言えるよう，指導する。

　　7に 3を たして 10。
　　10と 1で 11。

○「数図ブロック盤に7個のっているところに，3個のせ，10のまとまりをつくり，11と求める」仕方を引き出す。数図ブロック盤は，10のまとまりをつくればよいことに気付きやすくなるための教具として効果的である。

※ワークシートは，A3判に拡大して使用してください。

（解答）　1　略　　2　図は略，（式）7＋6＝13（答え）13こ

5 くりあがりの ある たしざん　ブロック

なまえ

1 つぎの もんだいを ぶろっくを うごかして かんがえましょう。

> はじめに 9にん いました。
> 5にん くると なんにんに なりますか。

① はじめの にんずうの ぶろっくを ひだりに おきましょう。(9にん)
② あとからきた にんずうの ぶろっくを みぎに おきましょう。(5にん)
③ 10のまとまりを つくるために，みぎの5を 1と 4に わけましょう。
④ わけた1を はじめの にんずうと あわせましょう。

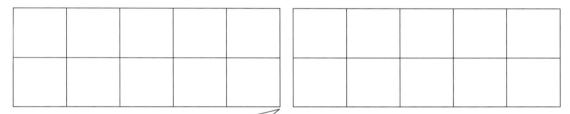

なれてきたら，こえに だしながら ぶろっくを うごかしましょう。
「9に 1を たして 10。10と 4で 14。」

2 つぎの もんだいを ぶろっくを うごかして かんがえましょう。

> くまさんが どんぐりを 7こ ひろいました。
> りすさんは 6こ ひろいました。
> あわせると なんこに なりますか。

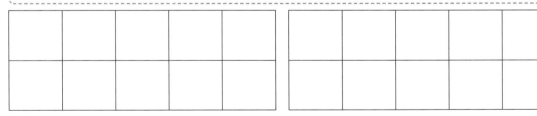

(しき)

(こたえ) 　　こ

6 くりさがりの ある ひきざん　ブロック

1 指導のポイント（具体操作から念頭操作へ）

ここでのブロック操作は，繰り下がりのある減法の計算の仕方を理解できるようにすることがねらいである。そのため，ここでもブロックを動かしながら，声に出して計算の手順を唱えるようにする。立式→ブロック操作→計算の手順の唱和→イメージ化→数の計算という手順で計算の仕方の理解と技能の習熟を図っていくようにする。

2 指導の手順

> りんごが 12こ なって います。9こ とると，なんこ のこりますか。

手順1 10ます枠とブロックを使って，12個ブロックを置く。

12は 10と 2です。

手順2 10ます枠から9個ブロックをとる。

10から 9を ひくと 1に なります。

手順3 残りの1と2をたして，答えを出す。答えは3。

1と 2を あわせて 3に なります。

○最終的には，12を頭の中で10と2に分解し，次のような言葉で言えるように指導する。

> 10から 9を ひいて 1。
> 1と 2で 3。

○繰り上がりのある加法の学習と同様に，ブロック操作を基に，計算の手順を確認するとともに，計算の仕方を説明する力を育てるようにする。その中で，「10からひく」仕方が速く簡単にできることに気付かせるようにする。ひく数が変わっても，「10からひく」方法でいつでも同じようにできるようにする。

※ワークシートは，A3判に拡大して使用してください。

(解答)　1 略　2 図は略，(式) 11－5＝6　(答え) 6人

ワークシート

6 くりさがりの ある ひきざん ブロック

月　日

なまえ

第1学年 数と計算

1 つぎの もんだいを ぶろっくを うごかして かんがえましょう。

　こどもが 14にん います。
　7にん かえると なんにんに なりますか。

① はじめの にんずうの ぶろっくを おきましょう。(14にん)
② かえる にんずうの ぶろっくを 10の まとまりから とりましょう。(7にん)
③ のこりの ぶろっくを あわせて こたえを だしましょう。

なれてきたら，こえに だしながら ぶろっくを うごかしましょう。
「10から 7を ひいて 3。3と 4で 7。」

2 つぎの もんだいを ぶろっくを うごかして かんがえましょう。

　こどもが 11にん います。
　おんなのこは 5にん です。
　おとこのこは なんにん ですか。

(しき)

□ － □ ＝ □

(こたえ) □ にん

7 かずの ならびかた 〔数の線〕

1 指導のポイント

　ここでの数直線は，20までの数や120程度までの数について，数の大小や順序について理解できるようにすることがねらいである。初めて数を学習する第1学年において，整数の大小や順序を理解させることは，今後数の概念を形成していく上でとても大切なことである。そのために，直線上に起点0を置き，決めた長さを単位に点の位置で数を表す数直線を用い，数の大小や順序，系列などを視覚的に分かりやすく理解させていく。

　なお，用語としての「数直線」は第3学年で取り扱うことになっており，第1・2学年では一般的に「数の線（かずのせん）」と言う。

2 指導の手順

手順1　起点0を捉える。

○数直線の指導でよく問題になるのは，起点としての0の捉えさせ方である。形式的に教えるだけでなく，すごろくゲームや歩数などの活動と関係づけ，具体的な場で日常的な言葉（ふりだし・出発点・スタートなど）を用いて，起点0を理解させる。この起点の理解は，長さの学習（ものさし）にもつながる。

手順2　ゲーム等に応じて対応する点を見付ける。

（例）「3すすむ。」→　上図の③

手順3　1目盛りが幾つかを考えて，目盛りに数をかき込む。

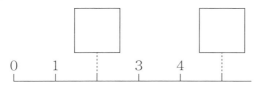

○目盛りと目盛りの間を数えたり，起点を1と考えたりしないように気を付ける。

（解答）　1　(1)左から2，4，7，11　(2)左から9，12，18　(3)左から58，60，66，70，76
　　　　　2　(1)左から0，50，100　(2)左から60，85，95，100

7 かずの ならびかた　かずのせん

月　日

なまえ

1 □に はいる かずを かきましょう。

(1)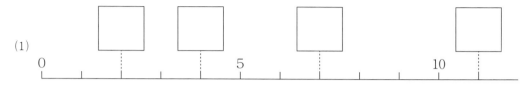

(2)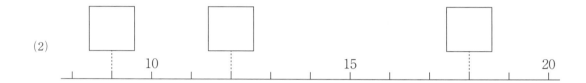

(3)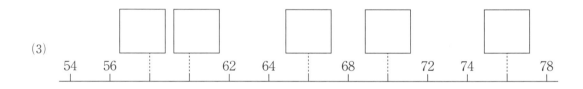

2 1めもりが いくつになるかを かんがえて □に はいる かずを かきましょう。

(1)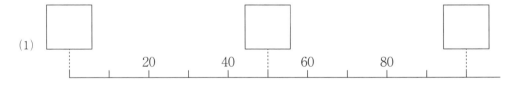

(2)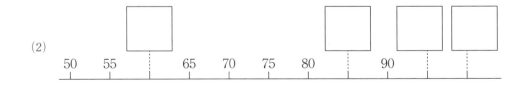

8 3つの かずの けいさん　ブロック図

1　指導のポイント

　ここでのブロック図は，児童が具体物を操作する過程を，理解できるようにすることがねらいである。単元「3つのかずのけいさん」で，増えたり減ったりした数を分かりやすく表すために，ブロック図を導入する。ここで，ブロック図をかけるようになると，繰り上がりのある加法や繰り下がりのある減法において，児童が自分の考えを表現しやすくなる。

2　指導の手順

> はじめに　5にん　いました。ふたり　のりました。また，3にん　のりました。
> みんなで　なんにんでしょう。

手順1　ノートのます目を利用して，10人乗れる列車をかく。

ノートのます目を使って，10人乗りの列車をかきましょう。

手順2　列車に見立てた10ます枠に，5人をブロック図に表す。

列車に，5人のせましょう。

手順3　後から乗った2人と3人について，ブロック図に表す。

後から乗った2人をかきましょう。
後から乗った3人をかきましょう。

手順4　具体的操作の仕方にあわせて，移動したブロックを○で囲み，移動を矢印で表す。

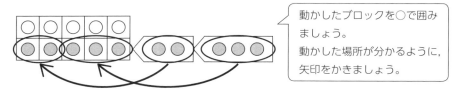

動かしたブロックを○で囲みましょう。
動かした場所が分かるように，矢印をかきましょう。

(解答)　1　略　　2　略

8 3つの かずの けいさん ブロック図

なまえ

1 つぎの もんだいを ずに あらわしましょう。

はじめに 5にん いました。ふたり のりました。また，3にん のりました。
みんなで なんにんでしょう。

したの ずの てんせんを えんぴつで なぞりましょう。

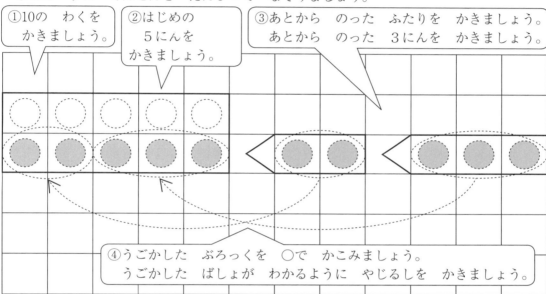

① 10の わくを かきましょう。
② はじめの 5にんを かきましょう。
③ あとから のった ふたりを かきましょう。あとから のった 3にんを かきましょう。
④ うごかした ぶろっくを ○で かこみましょう。うごかした ばしょが わかるように やじるしを かきましょう。

2 つぎの もんだいを ぶろっくの ずを かいて かんがえましょう。

はじめに 6にん いました。ふたり のりました。また，ひとり のりました。
みんなで なんにんでしょう。

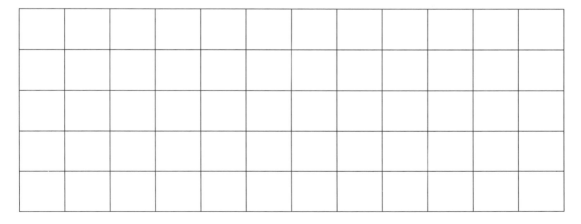

Chapter 3

① くり上がりの ある たし算の ひっ算　計算棒(絵図)

第2学年　数学的な表現方法の指導アイデア

1 指導のポイント

ここでの計算棒は，2桁や3桁の計算のときに，計算の仕組みを視覚的に捉えさせることがねらいである。計算棒を位取り板の上で数と対応させながら操作させ，繰り上がりの仕組みを理解できるようにする。そのため10の束をつくり，次の位に1繰り上げて十の位を1増やすことのイメージを計算棒で対応させながら指導していく。

2 指導の手順

> 34＋28を ひっ算で して みましょう。

手順1 筆算でかく。

十のくらい	一のくらい
3	4
＋ 2	8

位をそろえてかく。

手順2 計算棒を置く。

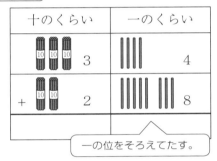

一の位をそろえてたす。

手順3 一の位から，十の位に繰り上げる。

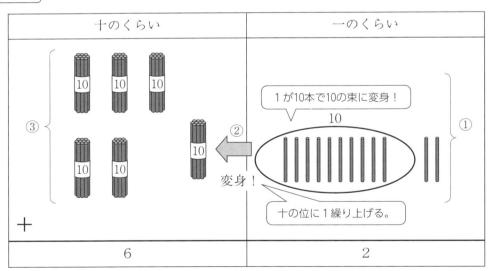

(解答)　1　図と筆算は略，72　　2　図と筆算は略，80

① くり上がりの ある たし算の ひっ算 計算棒(絵図)

月　日

なまえ

1　43＋29を　計算ぼうを　つかって　考え　ひっ算で　しましょう。

十のくらい	一のくらい
＋	

（ひっ算）

2　67＋13を　計算ぼうを　つかって　考え　ひっ算で　しましょう。

十のくらい	一のくらい
＋	

（ひっ算）

2 くり下がりの ある ひき算の ひっ算 　計算棒(絵図)

1 指導のポイント

　ここでの計算棒は，加法と同様に，2桁や3桁の計算の仕組みを視覚的に捉えさせることがねらいである。そこで，計算棒を位取り板の上で操作して，繰り下がりの計算の仕方を具体的操作を通して理解できるようにする。そのために，直接同じ位同士では減法ができない場合，上の位にある束を1つばらにして1の位に10と幾つをつくり，そこからひけるようにし，1繰り下げる意味のイメージを計算棒で対応させながら指導していく。

2 指導の手順

　53−26を ひっ算で して みましょう。

手順1 筆算をかく。

十のくらい	一のくらい
5	3
− 2	6

位をそろえてかく。

手順2 計算棒を置く。

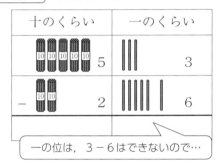

一の位は，3−6はできないので…

手順3 十の位から，一の位に繰り下げる。

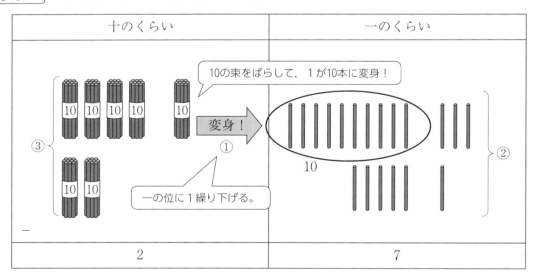

(解答) 1 図と筆算は略, 26　 2 図と筆算は略, 5

ワークシート
② くり下がりの ある ひき算の ひっ算　計算棒（絵図）

月　日

なまえ

1 64−38を 計算ぼうを つかって 考え ひっ算で しましょう。

十のくらい	一のくらい
－	

（ひっ算）

2 92−87を 計算ぼうを つかって 考え ひっ算で しましょう。

十のくらい	一のくらい
－	

（ひっ算）

3 10000までの 数 （数の線）

1 指導のポイント

　数の線（数直線）では，数が直線上の点で表されるので，数を視覚的，直感的に捉えられるというよさがある。ここでの数の線は，10000までの数範囲の拡張に伴い，数についての理解を深める手段として活用するとともに，大きな数でも直線上に表すことができることに気付かせるように指導する。

2 指導の手順

> 数の線で，7500はどこですか。
> また，4700や9900はどこですか。

手順1　右のように定規等を使いながら，数図と数の線の目盛りを対応させ，大きな目盛りがどんな数を表しているかを考える。

　　　　　一番大きな目盛りは，幾つを表していますか。

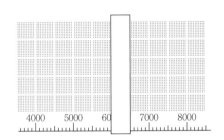

手順2　大きな目盛りと大きな目盛りの間が10等分されていることを確かめ，半分の目盛り（中目盛り）がどんな数を表しているかを考える。

　　　　　千の半分の目盛りは，幾つを表していますか。　　7500は，どこですか。

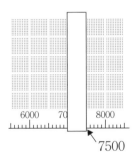

手順3　大きな目盛りが表している数と中目盛りの表している数を基に，1目盛りがどんな数を表しているか考える。

　　　　　小さな目盛りは，幾つを表していますか。　　4700や9900は，どこですか。

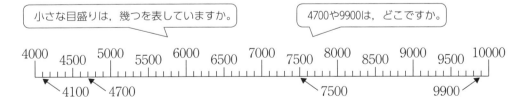

（解答）　1　(1)50, 200, 250　(2)4500, 5000, 6500　(3)550, 620, 680, 790　(4)1300, 2100, 2500, 3600
　　　　2　(1)略　(2)略

3 10000までの 数 　数の線

月　日

なまえ

1 □に はいる 数を かきましょう。

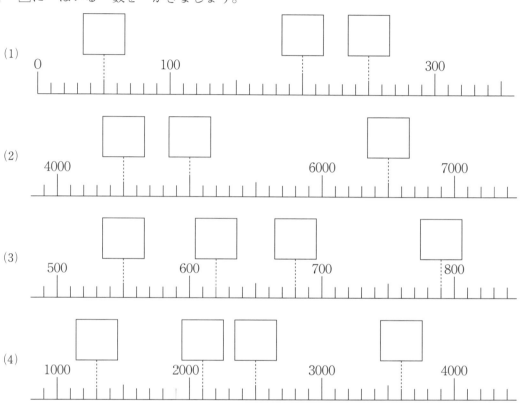

2 下の数の線で，①〜⑥の数は どこですか。(れい)と同じように かきいれましょう。

(1) (れい) 330　　① 470　　② 590　　③ 610

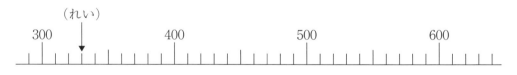

(2) ④ 8500　　⑤ 7800　　⑥ 9900

④ 何の いくつ分 ブロック

1 指導のポイント

　ここでのブロック操作は，ブロックを使った作業的な算数的活動を通して，乗法の意味を理解できるようにすることがねらいである。それは，乗っている人数を数えたり，絵を見て視覚的に捉えたりするだけでなく，実際にブロックを置くことで，基準量を自分で作ることができるからである。そのために，情景図の乗り物などをイメージできるような枠の上で，ブロックを具体的に操作させる活動を通して，「同じ数のいくつ分」になる場合とそうでない場合の区別や，「基準量のいくつ分」という表現の2点について指導し，乗法の意味理解につなげる。

2 指導の手順

> のりものに のっている 人の 数を しらべましょう。
> ブロックを つかって しらべて みましょう。

手順1 絵の上にブロックを並べる。

一人ずつ，ブロックを置いていく。

手順2 どんな乗り方をしているのか，絵の上のブロックを動かして，並べる。

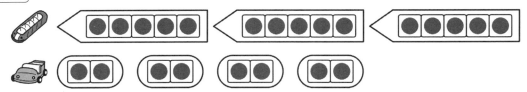

①絵の上にブロックを置く。
②乗り方の違いを確認する。
③同じ数ずつ乗っている乗り方を見付ける。

乗り方を見て，乗り方の違いを確認する。

 5こ 3つ分　　 2こ 5つ分

（解答）　1　図は略，2この3つ分　　2　図は略，3この2つ分

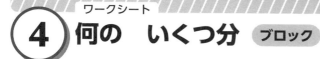

４ 何の いくつ分 ブロック

月　日

なまえ

1　つぎの 絵は 何の いくつ分か みつけましょう。
(1) 絵の 上に ブロックを おいてみましょう。

(2) ブロックを うごかし ならべてみましょう。

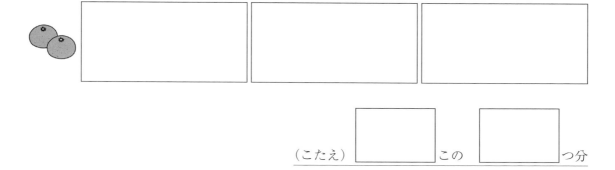

(こたえ)　　　この　　　つ分

2　つぎの 絵は 何の いくつ分か みつけましょう。
(1) 絵の 上に ブロックを おいてみましょう。

(2) ブロックを うごかし ならべてみましょう。

(こたえ)　　　この　　　つ分

5 九九の つくり方 アレイ図

1 指導のポイント

ここでのアレイ図は，6の段の九九を構成することがねらいである。2〜5の段は，ブロック等の操作を通して，「基準量の幾つ分」という見方を養うが，6〜9の段では，ブロック操作が煩雑になることから，アレイ図を用いて九九を構成する学習を行うことが多い。また，アレイ図を用いることで，縦の数×横の数を求めるときにも，乗法が用いられることを理解させることができる。

2 指導の手順

　　6のだんの　九九を　つくりましょう。

手順1 6段目まで見えるように下の部分をかくす。

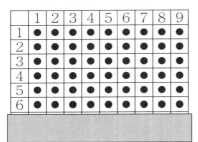

6のだんまで　見えるようにかくしましょう。

手順2 6×1から順に，●の数を数えながら，九九の答えをつくる。

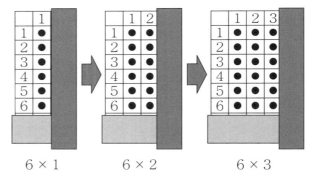

6×1　　6×2　　6×3

手順3 6×4の答えは，6×3の答えに幾つたすかを考えて，アレイ図で答えを確かめる。（その際，6×4＝18＋6などのように，式化するとよい。）

手順4 6×5，6×6，…，6×9の答えも，同じように求め，答えの増え方のきまりを考える。（かける数が1増えると，答えが6ずつ増えることに気付かせる。）

（解答）　(1)略　(2)7×1＝7　7×2＝14　7×3＝21　(3)7つたす。
　　　　(4)7×4＝28　7×5＝35　7×6＝42　7×7＝49　7×8＝56　7×9＝63

5 九九の つくり方 アレイ図

ワークシート

月　日

なまえ

7のだんの 九九を つくりましょう。

(1) 7だん目まで 見えるように 8のだんと
　 9のだんを かみで かくしましょう。

(2) 7×1に なるように もう 1まいの
　 かみを つかって かくしましょう。

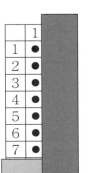

　　① ●の かずを かぞえて
　　　 7×1の こたえを もとめましょう。

　　② ■の かみを 右に うごかして
　　　 7×2の こたえを もとめましょう。

　　③ ■の かみを 右に うごかして
　　　 7×3の こたえを もとめましょう。

7 × 1 = ☐

7 × 2 = ☐

7 × 3 = ☐

(3) 7×4の こたえは 7×3の こたえに いくつ
　 たせば よいですか。

☐ つ たす。

(4) 7×4, 7×5, 7×6, 7×7, 7×8,
　 7×9の こたえも もとめましょう。

7 × 4 =
7 × 5 =
7 × 6 =
7 × 7 =
7 × 8 =
7 × 9 =

図を つかって 8のだんや 9のだんの 九九も
つくりましょう。

6 図を つかって① (加法の順思考) テープ図

1 指導のポイント

ここでのテープ図は，加法の順思考の問題における数量の関係を理解できるようにすることがねらいである。これまでは，数図ブロックなどの具体物の操作が主であったので，テープ図に表すことについては，児童の抵抗が大きいと考えられる。テープ図の表し方については，丁寧に指導していく必要がある。問題文を読み取り，関係する数値を抽出させ，既知の数量や未知の数量を明らかにした上でかかせる必要がある。

2 指導の手順

> 赤い 花が 12本，青い 花が 5本 さいて います。
> あわせて 何本 さいて いますか。

手順1 分かっていること・尋ねていることを明らかにする。

分かっていること → 赤い花の数…12本
　　　　　　　　　 青い花の数…5本
尋ねていること　 → あわせた数…□本

〔分かっていることは，何ですか。尋ねていることは何ですか。〕

手順2 ブロックで並べて考える。

赤い花12本　　　　青い花5本

あわせる

〔ブロックを使って考えましょう。〕

手順3 ブロックをテープ図に置き換える。

赤い花12本　　　　青い花5本

あわせる

〔ブロックをテープに換えます。あわせると1本のテープになりました。これをテープ図と言います。〕

手順4 テープ図に表し，式と答えをかく。

赤い花12本　青い花5本
あわせた数

（しき）12 + 5 = 17　　（こたえ）17本

〔赤い花のテープ図をかきましょう。次に，青い花のテープ図をかきましょう。テープ図を見て，式を考えましょう。〕

（解答） 1 1年生14人 2年生12人 あわせた数26人 （式）14 + 12 = 26 （答え）26人
　　　　 2 図は略 （式）5 + 7 = 12 （答え）12こ

6 図を つかって① テープ図

ワークシート

なまえ

月　日

1 つぎの もんだいを テープ図に かいて こたえましょう。テープ図の 線を わかって いることから じゅんに なぞりましょう。

　　こうえんで，1年生が 14人，2年生が 12人 あそんで います。
　　みんなで 何人 あそんで いますか。

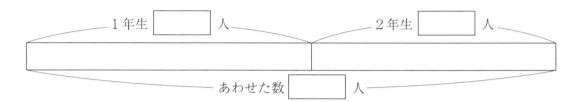

（しき）

　　　　　　　　　　　　　　　　　　　　　　　　　　（こたえ）

2 つぎの もんだいを テープ図に かいて こたえましょう。

　　あめを 5こ もって います。7こ もらいました。
　　ぜんぶで 何こ もって いますか。

つぎのじゅんに，テープ図に かいて いきましょう。
① はじめの数
② もらった数
③ ぜんぶの数

テープ図を かきましょう。

（しき）

　　　　　　　　　　　　　　　　　　　　　　　　　　（こたえ）

7 図を つかって② （減法の順思考） テープ図

1 指導のポイント

ここでのテープ図は，減法の順思考の問題における数量の関係を理解できるようにすることがねらいである。減法のテープ図では，被減数のテープをかき，そのテープを減数で区切る。そこで，問題文に沿ってブロックを操作しながら，図をかいていくようにする。減数で被減数のテープ図を区切るときには，長さが違っていてもそれに捉われることなく，数量の関係を正しく捉えた図になっていることが大切である。

2 指導の手順

> ノートが 17さつ あります。
> 9さつ つかうと 何さつ のこりますか。

手順1 分かっていること・尋ねていることを明らかにする。

　　分かっていること→はじめのノート…17さつ
　　　　　　　　　　使ったノート　…9さつ
　　尋ねていること　→のこったノート…□さつ

（分かっていることは，何ですか。尋ねていることは何ですか。）

手順2 ブロックを並べて考える。

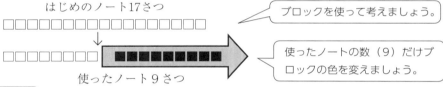

（ブロックを使って考えましょう。）
（使ったノートの数（9）だけブロックの色を変えましょう。）

手順3 ブロックをテープ図に置き換える。

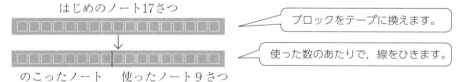

（ブロックをテープに換えます。）
（使った数のあたりで，線をひきます。）

手順4 テープ図に表し，式と答えをかく。

　　　　　はじめのノート17さつ
　┌─────────────────┐
　│   │   │
　└─────────────────┘
　のこったノート　使ったノート9さつ

（「はじめのノート」のテープ図をかきましょう。次に，使った数のあたりで線をひきましょう。テープ図を見て，式を考えましょう。）

（しき）17－9＝8　　（こたえ）8さつ

（解答）　1　はじめの数16こ　のこった数7こ　あげた数9こ　（式）16－9＝7　（答え）7こ
　　　　　2　図は略　（式）14－8＝6　（答え）6人

7 図を つかって② テープ図

月　日

なまえ

1　つぎの もんだいを テープ図に かいて こたえましょう。

　　おはじきを 16こ もって いました。おとうとに 9こ あげました。
　　おはじきは 何こ のこって いますか。

はじめの数 □ こ

のこった数 □ こ　　　あげた数 □ こ

（しき）

　　　　　　　　　　　　　　　　　　　　　　　　（こたえ）

2　つぎの もんだいを テープ図に かいて こたえましょう。

　　子どもが 14人 あそんで います。8人 かえりました。
　　のこりは 何人に なりますか。

つぎの じゅんに，テープ図に かいて いきましょう。

① はじめの数
② かえった数
③ のこりの数　□人

テープ図を かきましょう。

（しき）

　　　　　　　　　　　　　　　　　　　　　　　　（こたえ）

8 ふえたのは いくつ（加法の逆思考） テープ図

1 指導のポイント

　ある問題に対して，場面と逆に考えて解決する方法を「逆思考」と言う。加法の逆思考には，「a＋□＝b」型，「□＋a＝b」型の2つがあり，ここでは，「a＋□＝b」型を取り扱い，その数量の関係をテープ図に表し，b－aと立式して，解くための方法を身に付けさせていくことがねらいである。

　加法の逆思考では，下の問題にあるように，「ふえた」という言葉に捉えられすぎて，ひき算ではなく，たし算と判断してしまう過ちが多くみられる。問題を解くために，情景図を提示したり，問題文の内容をよく確かめ既知の数量や未知の数量を整理したりする必要がある。

2 指導の手順

> チューリップが　きのう　8本　さいていました。けさは，15本に　なっています。
> 何本　ふえましたか。

手順1　分かっていること・尋ねていることを明らかにする。
　分かっていること→きのうの数…8本
　　　　　　　　　　ぜんぶの数…15本
　尋ねていること　→ふえた数　…□本

手順2　ブロック操作を一度見せた後，話の順にテープ図に表す。

[ブロック操作]（操作は教師が黒板などでして見せましょう）　[テープ図]

ブロックを8個置く。
□□□□□□□□

①きのうの数のテープ図をかく。
　　──きのうの数8本──

全部の数が分かるように板で増やす。
□□□□□□□□■■■■■■■?

②増えたことが分かるように，テープ図を付け加える。
　　──きのうの数8本──｜──ふえた数□本──

全部の数が15個になることを確かめる。
□□□□□□□□□□□□□□□

③全部の数をかく。
　　──きのうの数8本──｜──ふえた数□本──
　　────────ぜんぶの数15本────────

手順3　テープ図を基に，式と答えをかく。
　（しき）15－8＝7　（こたえ）7本

> テープ図を見て，増えた数を求める式が，ひき算であることを理解させる。

（解答）　1　はじめの数4こ　もらった数11こ　ぜんぶの数15こ　（式）15－4＝11（答え）11こ
　　　　2　図は略，（式）20－15＝5（答え）5人

8 ふえたのは いくつ　テープ図

ワークシート

　　　　　　　　　　　　　　　　　　　　　　　　　　月　　日

なまえ

1　つぎの もんだいを テープ図に かきました。□に わかっている数を かいて, こたえましょう。

> りんごを 4こ もって います。
> ともだちから もらったので, みんなで 15こに なりました。
> 何こ もらいましたか。

はじめの数 □こ　　　もらった数 □こ

ぜんぶの数 □こ

(しき)

(こたえ)

2　つぎの もんだいを テープ図に かいて こたえましょう。

> 子どもが 15人 あそんで いました。
> ともだちが きたので, みんなで 20人に なりました。
> 何人 きましたか。

つぎの じゅんに, テープ図に かいて いきましょう。

① はじめの数
② きた数　□人
③ ぜんぶの数

テープ図を かきましょう。

(しき)

(こたえ)

⑨ へったのは いくつ（減法の逆思考） テープ図

1 指導のポイント

　場面と逆に考えて解決する方法が「逆思考」であり，ここでは減法の逆思考の「a－□＝b」型を取り扱う。テープ図に表し，a－bと立式して問題を解くための方法を身に付けさせることがねらいである。

　問題文に即して数量の関係を順にテープ図に表していく。テープ図をかかせる際には，一文ずつ内容をよく確かめ，既知の数量や未知の数量を整理し全体の量からかかせるようにする。

2 指導の手順

> えんぴつが 20本 ありました。子どもたちに くばったら，5本 あまりました。何本 くばりましたか。

手順1 分かっていること・尋ねていることを明らかにする。

　分かっていること→はじめの数…20本
　　　　　　　　　　あまった数…5本
　尋ねていること　→くばった数…□本

手順2 ブロック操作と結び付けながら，全体の量から順にテープ図に表す。

ブロック操作（操作は教師が黒板などでして見せましょう）　　テープ図

ブロックを20個置く。　　　　　　　　　　①はじめの数をテープ図に表す。

余った数が明らかになるように区切る。　　②余った数のところで区切り，配った数をかく。

余った数に当たるブロックを確かめる。　　③余った数をかく。

手順3 テープ図を基に，式と答えをかく。
　（しき）20－5＝15　　（こたえ）15本

> テープ図を見て，配った数を求める式が，ひき算であることを理解させる。

（解答）　1　はじめの数14まい　のこった数5まい　くばった数9まい　（式）14－5＝9　（答え）9まい
　　　　　2　図は略，（式）12－8＝4　（答え）4わ

⑨ へったのは いくつ　テープ図

ワークシート

月　日

なまえ

1 つぎの もんだいを テープ図に かきました。□に わかっている数を かいて、こたえましょう。

> シールを 14まい もっています。ともだちに くばったら、5まい のこりました。何まい くばりましたか。

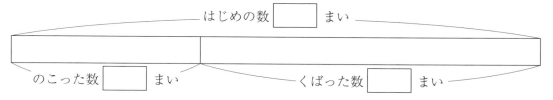

はじめの数　□　まい
のこった数　□　まい　　　くばった数　□　まい

（しき）

（こたえ）

2 つぎの もんだいを テープ図に かいて こたえましょう。

> はとが 12わ いました。とんで いったので、のこりが 8わに なりました。とんで いったのは、何わ ですか。

つぎの じゅんに、テープ図に かいて いきましょう。
① はじめの数
② のこりの数
③ とんでいった数　□わ

テープ図を かきましょう。

（しき）

（こたえ）

10 はじめの数は いくつ①（加法の逆思考） テープ図

1 指導のポイント

　ここでのテープ図は，「□ + a = b」型，いわゆる「はじめの数」を求める問題の数量の関係をテープ図に表し，b － a と立式して問題を解くための方法を身に付けさせていく。
　加法の逆思考では，例えば「くると」「ふえると」「もらうと」という増加を表す言葉に捉われすぎて，たし算と判断してしまう過ちが多くみられるので，テープ図で理解を図りたい。

2 指導の手順

> 子どもが あつまっています。8人 きたので，ぜんぶで 20人に なりました。
> はじめに 何人 いましたか。

手順1　分かっていること・尋ねていることを明らかにする。

　分かっていること→きた人数　　　（ふえる数）…8人
　　　　　　　　　　ぜんぶの人数（ぜんぶの数）…20人
　尋ねていること　→はじめの人数（はじめの数）…□人

手順2　話の順に，簡単な図をかいてから，テープ図に移行する。

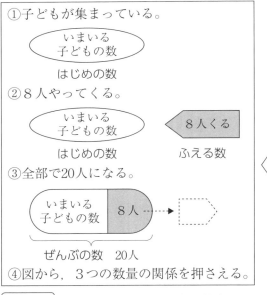

①子どもが集まっている。
　いまいる子どもの数
　　はじめの数
②8人やってくる。
　いまいる子どもの数　　8人くる
　　はじめの数　　　　　ふえる数
③全部で20人になる。
　いまいる子どもの数　8人
　　ぜんぶの数　20人
④図から，3つの数量の関係を押さえる。

①いまいる子どもの数を，「はじめの数」とかく。
　　はじめの数
②「ふえる数8人」を，あわせる。
　　はじめの数　　ふえる数 8人
③テープ図を見ながら，「ぜんぶの数20人」をかく。
　　はじめの数　　ふえる数 8人
　　　　ぜんぶの数 20人
④テープ図から，3つの数量の関係を押さえて，数式につなげていく。

手順3　テープ図を基に，式と答えをかく。
（しき）20 － 8 ＝ 12　　（答え）12人

> テープ図を見て，はじめの数を求める式が，ひき算であることを理解させる。

（解答）　1　アはじめの数□　イもらった数6まい　ウぜんぶの数18まい　（式）18 － 6 ＝ 12　（答え）12まい
　　　　　2　図は略　（式）32 － 15 ＝ 17　（答え）17台

10 はじめの数は いくつ ① テープ図

ワークシート

月　日

なまえ

1 つぎの もんだいを，テープ図に かいて 考えます。
　□に はいる ことばや 数を かいて，こたえましょう。

　カードを もっています。お兄さんから カードを 6まい もらったので，ぜんぶで 18まいに なりました。
　はじめは，何まい ありましたか。

> わかっている ことや たずねて いることから，テープ図に つかう ことばを みつけましょう。

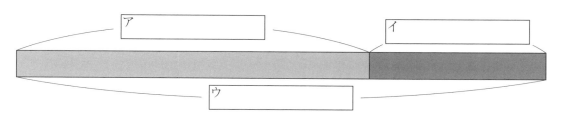

（しき）

　　　　　　　　　　　　　　　　　　　　　　　（こたえ）

2 つぎの もんだいを，テープ図に かいて 考えましょう。

　ちゅう車場に，車が とまっています。15台 入ってきたので，ぜんぶで 32台に なりました。
　はじめは 何台 ありましたか。

つぎの じゅんに，テープ図を かきましょう。
① はじめの 台数
② 入ってきた 台数
③ ぜんぶの 台数

テープ図を かきましょう。

（しき）

　　　　　　　　　　　　　　　　　　　　　　　（こたえ）

11 はじめの数は いくつ②（減法の逆思考） テープ図

1 指導のポイント

ここでのテープ図は，「□ − a = b」型，いわゆる「はじめの数」を求めるの問題の数量の関係をテープ図に表し，b + a と立式して問題を解くための方法を身に付けさせていく。

減法の逆思考では，例えば「かえると」「へると」「あげると」という減少を表す言葉に捉われすぎて，ひき算と判断してしまう過ちが多くみられるので，テープ図で理解を図りたい。

2 指導の手順

> 子どもが あそんで いました。そのうち 14人が 帰ったので，のこりは 17人に なりました。はじめは 何人 いましたか。

手順1 分かっていること・尋ねていることを明らかにする。

　分かっていること→帰った人数 …14人
　　　　　　　　　　のこった人数…17人

　尋ねていること　→はじめの人数…□人

手順2 話の順に，簡単な図をかいてから，テープ図に移行する。

①あそんでいた。　　　　　　　　　　　　　　①あそんでいた子どもを，「はじめの数」とかく。はじめの数は分からない。

②14人帰った。　　　　　　　　　　　　　　②「帰った数14人」をテープ図に表す。

③のこりは17人。　　　　　　　　　　　　　③「のこりの数17人」もテープ図に表す。

④図から，3つの数量の関係を押さえる。　　　④テープ図から，3つの数量の関係を押さえて，数式につなげていく。

手順3 テープ図を基に，式と答えをかく。

　（しき）17 + 14 = 31　　（こたえ）31人

> テープ図を見て，はじめの数を求める式が，たし算であることを理解させる。

（解答）　1　アはじめの数□　イのこりの数12こ　ウたべた数7こ　（式）12 + 7 = 19　（答え）19こ
　　　　 2　図は略　（式）15 + 8 = 23　（答え）23わ

11 はじめの数は いくつ② テープ図

ワークシート

月　日

なまえ

1 つぎの もんだいを，テープ図に かいて 考えましょう。
□に はいる ことばや 数を かいて，こたえましょう。

あめを もっています。そのうち 7こ 食べたので，
のこりは 12こに なりました。
はじめは 何こ ありましたか。

わかっていることや たずねていることから テープ図に つかう ことばを みつけましょう。

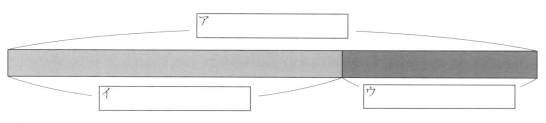

（しき）

　　　　　　　　　　　　　　　　　　　　　　　　　　（こたえ）

2 つぎの もんだいを，テープ図に かいて 考えましょう。

公園に はとが いました。そのうち 8わが とんで いったので，のこりが
15わに なりました。
はじめは 何わ いましたか。

つぎの じゅんに，テープ図を かきましょう。
① とんでいった数
② のこりの数
③ はじめの数

テープ図を かきましょう。

（しき）

　　　　　　　　　　　　　　　　　　　　　　　　　　（こたえ）

12 ちがいを みて①（求大の逆思考） テープ図

1 指導のポイント

ここでのテープ図は，数量の関係を2段のテープ図に表し，2量の差がどの部分なのかを読み取り，テープ図を基に，□＝一方の数量－差大と立式して，問題を解くための方法を身に付けさせていく。

2 指導の手順

> かにが 15ひき います。かには えびより 4ひき 多いそうです。
> えびは 何びき いますか。

手順1 分かっていること・尋ねていることを明らかにする。

分かっていること→かにの数…15ひき
　　　　　　　　　かにの数＞えびの数　　かにの数＝えびの数＋4

尋ねていること　→えびの数…□ひき

手順2 話の順に，簡単な図を表してから，テープ図に移行する。

①かにが15匹いる。 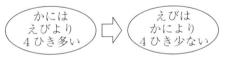	①かにのテープ図をかき，その上に15ひきと量をかく。 
②えびの数は分からない。かにはえびより4匹多い。 	②えびのテープ図をかにのテープ図の下にかき，□ひきと量をかく。 
③かにの数はえびの数と4匹を合わせた数と同じ。	③ちがいを明確にするため，2本のテープ図をそろえてから縦の線を引き，差をかく。 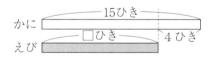
④図から，3つの数量の関係を押さえる。	④テープ図から，えびの数は，かにの数より4匹少ないことを押さえてから立式する。

手順3 テープ図を基に，式と答えをかく。
　　　　（しき）15－4＝11　　　（こたえ）11ぴき

> テープ図を見て，えびの数を求める式が，ひき算であることを理解させる。

（解答）　1　ア85円　イ45円　ウみかん　エ（1このねだん）□円　（式）85－45＝40　（答え）40円
　　　　2　図は略　（式）90－10＝80　（答え）80本

12 ちがいを みて ① テープ図

ワークシート

月　日

なまえ

1 つぎの もんだいを テープ図に かいて 考えましょう。
　□に はいる ことばや 数を かいて,こたえましょう。

　　なし1この ねだんは 85円 です。
　　なしは,みかんより 45円 高いそうです。
　　みかん1この ねだんは 何円 ですか。

> わかっている ことや たずねている ことから テープ図に つかう ことばや 数を みつけましょう。

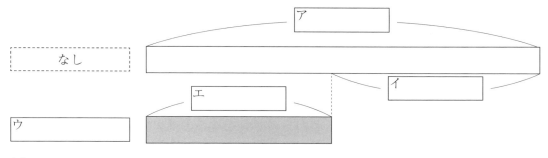

（しき）

（こたえ）

2 つぎの もんだいを テープ図に かいて 考えましょう。

　　あきらさんは えんぴつを 90本 もっています。
　　あきらさんは ともこさんより 10本 多いそうです。
　　ともこさんは えんぴつを 何本 もっていますか。

　テープ図を かきましょう。

（しき）

（こたえ）

13 ちがいを みて②（求小の逆思考） テープ図

1 指導のポイント

　ここでのテープ図は，数量の関係を2段のテープ図にかき，2量の差の部分を読み取らせ，このテープ図を基に，□＝一方の数量＋差小と式に表し，テープ図と式を関連づけて説明させる方法を身に付けさせていく。

2 指導の手順

> 赤い　リボンの　長さは　30cm　です。
> 赤い　リボンは，青い　リボンより　10cm　みじかいそうです。
> 青い　リボンは　何cm　ですか。

手順1　分かっていること・尋ねていることを明らかにする。

　　分かっていること→赤いリボンの長さ…30cm
　　　　　　　　　　　赤いリボン＜青いリボン　　赤いリボン＝青いリボン－10cm

　　尋ねていること　→青いリボン…□cm

手順2　問題文を一文ずつ読み取りながら，テープ図に表す。

①赤いリボンは，青いリボンより10cm短い。言い換えると青のテープ図のほうが，赤のテープ図より，10cm長くなる。	①2本のテープをかき表す。 赤■■■■■■■ 青■■■■
②テープ図に，分かっていることと，尋ねていることをかき込む。 赤のテープの長さは30cm。 青のテープのほうが10cm長い。 青のテープは分からないので□にする。	②2本のテープ図に，必要な数値をかき込む。 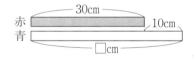
③青いリボンの長さは，赤いリボンの長さに，10cmを合わせた長さになる。	③2量の差に着目させる。
④言葉の式で表すと， 青いリボン＝赤いリボン＋ちがい となる。	④2段のテープ図を基に， 2量の数量関係を押さえる。 ※演算決定の根拠を，テープ図で説明させることが大切である。

手順3　テープ図を基に，式と答えをかく。

　　（しき）30＋10＝40　　（こたえ）40cm　　┤テープ図を見て，青いリボンの長さを求める式が，たし算であることを理解させる。

（解答）　1　アえんぴつ　イ75円　ウ15円　エけしゴム　オ90円　（式）75＋15＝90　（答）90円
　　　　　2　図は略　（式）80＋25＝105　（答）105まい

13 ちがいを みて ② テープ図

月　日

なまえ

1 つぎの もんだいを，テープ図に かいて 考えましょう。
　□に はいる ことばや 数を かいて，こたえましょう。

　えんぴつ 1ぽんの ねだんは 75円 です。
　えんぴつは，けしゴムより 15円 やすいそうです。
　けしゴム 1この ねだんは，何円 ですか。

わかって いる ことや たずねて いる ことから テープ図に つかう ことばや 数を みつけましょう。

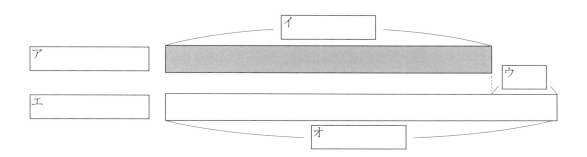

（しき）

　　　　　　　　　　　　　　　　　　　　　　　　　（こたえ）

2 つぎの もんだいを，テープ図に かいて 考えましょう。

　のぞみさんは，カードを 80まい もって います。
　のぞみさんは，みさこさんより 25まい すくないそうです。
　みさこさんは，カードを 何まい もって いますか。

　テープ図を かきましょう。

（しき）

　　　　　　　　　　　　　　　　　　　　　　　　　（こたえ）

Chapter 4 ① 小数のたし算① 液量図

第3学年 ● 数学的な表現方法の指導アイデア

1 指導のポイント

ここでの液量図は，端数部分の大きさを表す小数を理解できるようにすることがねらいである。それは，小数の加法の場面で，具体物と関連させて，小数の加法の意味や大きさを理解させるためである。問題の中の量を単位量の幾つ分かで表すことによって，未知の量も含めて，目盛りと量の関係を捉えて，表現することができるようにする。

2 指導の手順

> 小さい花びんに0.3Lの水が入っています。大きい花びんに0.5Lの水が入っています。あわせると，何Lになりますか。

手順1 液量図の枠組をかく。
まず，1Lのますを2つかく。

1Lますの形のように，縦に長い長方形をかきましょう。

手順2 液量図に目盛りをかく。

1Lを10等分するために，長方形の中に10の目盛りをかきましょう。
目盛りの1つ分は0.1Lになります。

1つ分は0.1L

手順3 液量図に量をかき入れる。

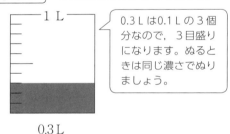

0.3L

0.3Lは0.1Lの3個分なので，3目盛りになります。ぬるときは同じ濃さでぬりましょう。

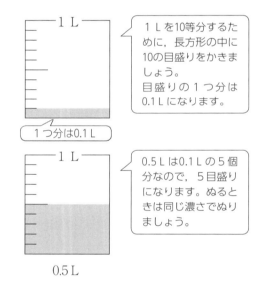

0.5L

0.5Lは0.1Lの5個分なので，5目盛りになります。ぬるときは同じ濃さでぬりましょう。

手順4 0.3Lと0.5Lをあわせる。

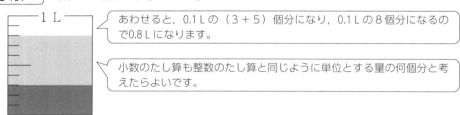

あわせると，0.1Lの(3+5)個分になり，0.1Lの8個分になるので0.8Lになります。

小数のたし算も整数のたし算と同じように単位とする量の何個分と考えたらよいです。

手順5 液量図を基に，式と答えをかく。
（式）0.3＋0.5＝0.8　（答え）0.8L

（解答）　1　(1)略　(2)（式）0.3＋0.6＝0.9　（答え）0.9L　　2　(1)略　(2)（式）0.8＋0.5＝1.3　（答え）1.3L

1 小数のたし算① 液量図

月　　日

名前

1 次の問題を液量図に表し，式と答えをかきましょう。

> ジュースが左のいれものに0.3 L はいっています。
> 右のいれものに0.6 L のジュースがはいっています。
> あわせると，何 L になりますか。

(1) 液量図にかきましょう。

　① まず，左のいれものにジュースが0.3 L はいっています。色をぬりましょう。

　② 次に，右のいれものに0.6 L のジュースがはいっています。色をぬりましょう。

　③ 2つのいれものを合わせます。色をぬって，□に数を入れましょう。

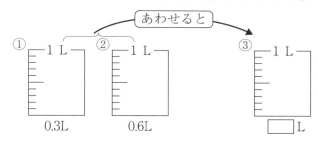

(2) 式と答えをかきましょう。

(式)

(答え)

2 次の問題を液量図に表し，式と答えをかきましょう。

> ジュースが0.8 L はいっているびんがあります。
> そのよこに0.5 L のジュースがはいっているびんがあります。
> ジュースは，あわせると何 L になりますか。

(1) 液量図にかきましょう。

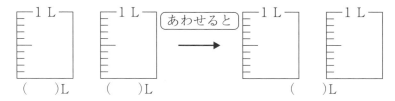

(2) 式と答えをかきましょう。

(式)

(答え)

2 小数のたし算② 数直線

1 指導のポイント

ここでの数直線は，数量の関係を分かりやすく表し，小数＋小数の計算の仕方を理解できるようにすることがねらいである。それは，新しく学習する小数の加法において，数量の関係を数直線に表すことで，すでに学習している整数の加法の計算の仕方を基に考えればよいことに気付くことができるからである。

2 指導の手順

> 小さい花びんに0.3Lの水が入っています。大きい花びんに0.5Lの水が入っています。あわせると，何Lになりますか。

手順1 直線をひき，左はしに0をかく。
次に，目盛りをかく。

> 目盛りは，同じ幅にしましょう。
> 5mmや1cmごとにかくといいです。

手順2 1目盛りを0.1として，0.3をかく。

手順3 0.3の横に，0.5をかく。

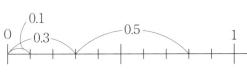

手順4 答えになるところに，□をかく。

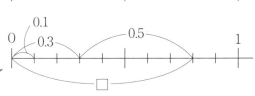

> あわせて，0.1が何個分になるか考えましょう。

手順5 数直線を基に，式と答えをかく。
（式）0.3 + 0.5 = 0.8　（答え）0.8 L

（解答）　1　(1)①0.6　②0.3　③0.1　(式) 0.6 + 0.3 = 0.9　(答え) 0.9 L
　　　　2　(式) 0.8 + 0.7 = 1.5　(答え) 1.5kg

2 小数のたし算② 数直線

月　日

名前

1 次の問題を数直線に表し，式と答えをかきましょう。

> 0.6Lのコーヒーに，0.3Lの牛にゅうを入れて，コーヒー牛にゅうをつくりました。
> コーヒー牛にゅうは，何Lありますか。

(1) （　）に数を入れましょう。

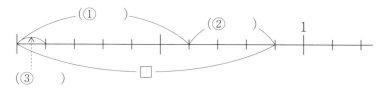

(2) 式と答えをかきましょう。

(式)

(答え)　　　　　　　　

2 次の問題を数直線に表し，式と答えをかきましょう。

> さとしくんのリュックサックの重さは，0.8kgです。
> リュックサックの中に，重さが0.7kgの水とうを入れました。
> リュックサックと水とうの重さは，あわせて何kgですか。

(1) 下の　　に，じゅんに数直線にかきましょう。

① まず直線をひき，左はしに0をかきます。
② 次に，目もりをかきます。（5mmごとに目もりを入れて，同じはばにしましょう。）
③ 1目もりを0.1として，リュックサックの0.8と，水とうの0.7をかきます。
④ 答えになるところに，□をかきます。

---- 数直線 ----

(2) 式と答えをかきましょう。

(式)

(答え)

3 はじめの数はいくつ 〔線分図〕

1 指導のポイント

　ここでの線分図は，逆思考の加法の数量の関係を理解できるようにすることがねらいである。それは，線分図をかくことによって，逆の関係を順の関係に置き換えることができ，問題解決が容易になるからである。線分図を初めて学習するので，まず既習のテープ図に表し，それを発展させて線分図に表すように指導することが大切である。

2 指導の手順

> あめがいくつかありました。
> そのうち，3こを食べました。また，9こ食べたので，のこりは18こになりました。
> はじめ，あめは何こありましたか。

手順1　数量の関係をテープ図に表す。

①逆思考で，まず残りのあめ18個からテープ図に表す。

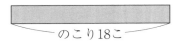

②次に，食べたあめ9個をテープ図にかきたす。

③さらに，食べたあめ3個をテープ図にかきたす。

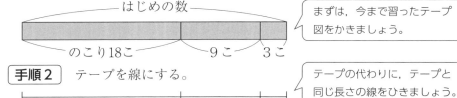

> まずは，今まで習ったテープ図をかきましょう。

手順2　テープを線にする。

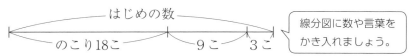

> テープの代わりに，テープと同じ長さの線をひきましょう。

手順3　数量の関係の言葉や数を入れ，線分図を仕上げる。

```
┌─── はじめの数 ───┐
├────────┼───┼──┤
 のこり18こ    9こ  3こ
```

> 線分図に数や言葉をかき入れましょう。

手順4　線分図を基に，式と答えをかく。

　（式）　3 + 9 = 12　　12 + 18 = 30　　（答え）30こ

（解答）　1　(1)アはじめ　イ80　ウ100　エ50　(2)（式）50+100=150　150+80=230　（答え）230円
　　　　2　(1)略　(2)（式）6×2=12（6+6=12）　12+28=40　（答え）40こ

3 はじめの数はいくつ　線分図

名前

月　日

1　次の問題を線分図に表し，式と答えをかきましょう。

　　おかしを買いに行きました。
　　まず50円のチョコレートを買って，次に100円のあめを買いました。
　　のこりが80円になりました。
　　はじめ，お金を何円持っていたでしょうか。

(1)　（　）にことばや数を入れましょう。

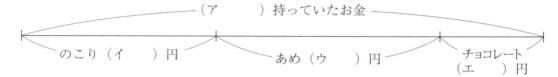

(2)　式と答えをかきましょう。
（式）

　　　　　　　　　　　　　　　　　　　　　　　　（答え）

2　次の問題を線分図にかいて，式と答えをかきましょう。

　　おばさんがリンゴを送ってくれました。
　　6こずつ2人の近所の人にあげたら，のこりは28こになりました。
　　はじめ，リンゴは何こありましたか。

(1)　下の□の中に，じゅんに線分図にかきましょう。

　①　まず，リンゴがのこり28こになりました。
　②　次に，6こずつ2人にあげました。
　③　はじめのリンゴの数をかきます。

線分図

(2)　式と答えをかきましょう。
（式）

　　　　　　　　　　　　　　　　　　　　　　　　（答え）

④ かくれた数はいくつ ［関係図］

1 指導のポイント

ここでの関係図（関係を表す図）は，逆思考の除法の２量の数量関係を矢印を用いて簡単に表現し，理解できるようにすることがねらいである。それは，逆思考の除法の２量の数量関係を関係図に表現することにより立式への手がかりができるからである。そのため，挿絵や数直線，言葉を基に，関係図に表現できるようにする。

2 指導の手順

> 同じあつさのじてんを，本だなにならべます。８さつで，はば32cmの本だながちょうどいっぱいになりました。このじてん１さつのあつさは何cmですか。

手順１ 辞典の並び方を挿絵から線分図に表す。
①辞典の挿絵を示す。
②上部を消し，辞典の下だけの図から線分図へイメージ化を図る。

並んだ辞典を絵や図で表しましょう。

手順２ 分かっていることを言葉でまとめる。
　じてん１さつのあつさ　の　８倍　が　本だなのはば　です。

分かっていることを言葉で表しましょう。

手順３ 関係図をかく。

①再度，辞典の絵から，求めるのは辞典１冊の厚さであることを確認する。
②８倍は８冊分であり，矢印で表すことを確認する。
③言葉のまとめとも対応させ，辞典の８倍が本だなの幅になることを確認する。
④分かっている数量をかき，求める数量を□で表す。線分図と比較し，関係図のよさ（簡潔，言葉と対応しやすい）を確認する。

手順４ 関係図を基に，式と答えをかく。
　（式）32÷8＝4　　（答え）4cm

（解答）　1　(1)ア じてん１さつのあつさ　イ 9　ウ 本だなのはば　エ 45
　　　　　　 (2)（式）45÷9＝5　（答え）5cm
　　　　　2　(1)略　(2)（式）56÷7＝8　（答え）8L

4 かくれた数はいくつ 関係図

名前　　　　　　　　　　　　　　　　　　月　　日

1 次の問題をかん係を表す図に表し，式と答えをかきましょう。

> 同じあつさのじてんを，本だなにならべます。9さつで，はば45cmの本だながちょうどいっぱいになりました。このじてん1さつのあつさは何cmですか。

(1) ☐や（ ）に，てきとうなことばや数を入れましょう。

(2) 式と答えをかきましょう。

（式）

　　　　　　　　　　　　　　　　　　　　　　　　（答え）　　　　　　　　　　

2 次の問題をかん係を表す図に表し，式と答えをかきましょう。

> バケツで水を運んで水そうをいっぱいにします。7回運んで，56Lはいる水そうがいっぱいになりました。バケツには，何Lの水がはいりますか。

(1) じゅんにかん係を表す図にかきましょう。

　① バケツの7倍が水そう
　② 水そうは56L
　③ バケツは☐L

(2) 式と答えをかきましょう。

（式）

　　　　　　　　　　　　　　　　　　　　　　　　（答え）

Chapter 5 1 小数×整数 線分図

第4学年 ●数学的な表現方法の指導アイデア

1 指導のポイント

ここでの線分図は，小数×整数の数量の関係を理解できるようにすることがねらいである。それは，0.1を単位とすることで，小数×整数の計算の仕方を整数×整数と同じように考えることができるからである。問題の構造を「数直線とテープ図」で表した図から，1本の線分図に置き換えて表現できるように指導する。

2 指導の手順

> 1本0.2L入りの牛にゅうパック3本分は，何Lになるでしょう。

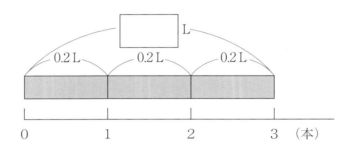

手順1 上記の「数直線とテープ図」を基にして，1本の線分図をかく。

（吹き出し）テープ図を見て，線分図をかきましょう。

手順2 0.1を単位として考え，線分図を0.1ずつに分ける。

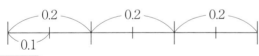

（吹き出し）0.2を0.1ずつに分けて，全体は0.1の幾つ分かを考えましょう。

手順3 線分図を基に，式と答えをかく。

0.2 ……… 0.1が□個

0.2 × 3 … 0.1が□×□個

（式）0.2 × 3 = 0.6　　（答え）0.6L

（解答）　1　(1) ア 0.3　イ 0.3　ウ 0.3　エ 0.3　オ 0.1
　　　　　　(2)（式）0.3 × 4 = 1.2　（答え）1.2L
　　　　2　(1) 略　(2)（式）0.4 × 5 = 2　（答え）2g

ワークシート
1 小数×整数　線分図

名前　　　　　　　　　　　　　月　　日

1 次の問題を線分図に表し，式と答えをかきましょう。

> 1本0.3L入りのジュース4本分は，何Lになるでしょう。

(1) （　）に数を入れましょう。

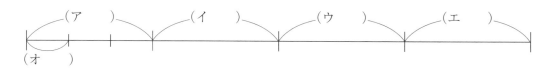

(2) 式と答えをかきましょう。
(式)

（答え）　　　　　　　　　　

2 次の問題を線分図に表し，式と答えをかきましょう。

> 1こ0.4gのおかし5こ分の重さは，何gになるでしょう。

(1) 線分図をかきましょう。
　① まず，0.4gが5こあります。
　② 次に，0.4を0.1ずつに分けます。

```
線分図
```

(2) 式と答えをかきましょう。
(式)

（答え）

2 分数＋分数①（同分母の分数） 数直線とテープ図

1 指導のポイント

　ここでの「数直線とテープ図」は，同分母分数の加減計算において，単位分数の幾つ分になるかを分かりやすく理解できるようにすることがねらいである。それは，単位分数に目を向けて同分母分数の加減計算をすると，整数の加減計算と同様に計算できることを実感的に理解できるからである。そのため，「数直線とテープ図」を用いて，数と対応させ，単位とする分数の幾つ分かを求めるようにする。

2 指導の手順

$\frac{3}{4}$ mと $\frac{2}{4}$ mの長さのテープをあわせると，何mになるでしょう。

手順1 数直線をかく。

　　分母が4なので，数直線の1を4つに分けて目盛りをかきましょう。

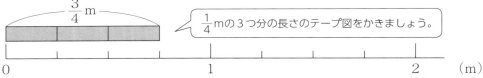

手順2 数直線の目盛りにあわせて，$\frac{3}{4}$ mをテープ図に表す。

　　$\frac{1}{4}$ mの3つ分の長さのテープ図をかきましょう。

手順3 $\frac{3}{4}$ mに $\frac{2}{4}$ mをつないだテープ図をかき，式と答えをかく。

　　$\frac{3}{4}$ mの続きに $\frac{1}{4}$ mの2つ分の長さのテープ図をかきましょう。

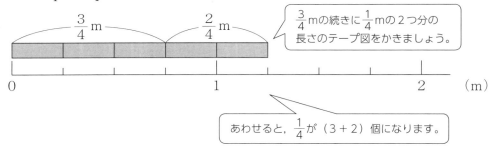

　　あわせると，$\frac{1}{4}$ が（3＋2）個になります。

（式）$\frac{3}{4} + \frac{2}{4} = \frac{5}{4} \left(1\frac{1}{4}\right)$　　（答え）$\frac{5}{4} \left(1\frac{1}{4}\right)$ m

---

（解答）　1　(1) ア $\frac{5}{6}$　イ $\frac{2}{6}$　(2)（式）$\frac{5}{6} + \frac{2}{6} = \frac{7}{6} \left(1\frac{1}{6}\right)$（答え）$\frac{7}{6} \left(1\frac{1}{6}\right)$ m
　　　　　2　(1) 略　(2)（式）$\frac{6}{8} + \frac{3}{8} = \frac{9}{8} \left(1\frac{1}{8}\right)$（答え）$\frac{9}{8} \left(1\frac{1}{8}\right)$ m

2 分数＋分数① 数直線とテープ図

ワークシート

月　日

名前

1 次の問題を「数直線とテープ図」に表し，式と答えをかきましょう。

$\frac{5}{6}$mと$\frac{2}{6}$mの長さのリボンをあわせると，何mになりますか。

(1) □にあう数をかきましょう。

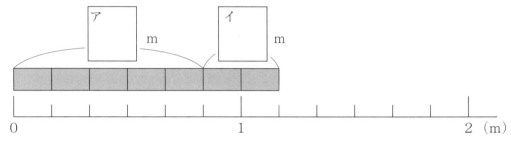

(2) 式と答えをかきましょう。

(式)

(答え)

2 次の問題を「数直線とテープ図」に表し，式と答えをかきましょう。

$\frac{6}{8}$mと$\frac{3}{8}$mの長さのテープをあわせると，何mになりますか。

(1) 「数直線とテープ図」をかきましょう。

(2) 式と答えをかきましょう。

(式)

(答え)

3 分数＋分数② （帯分数のはいった） 数直線とテープ図

1 指導のポイント

ここでの「数直線とテープ図」は，帯分数のはいった計算において，常に量と関係づけながら考えを理解できるようにすることがねらいである。それは，帯分数を仮分数に直してから計算する方法と，帯分数を整数と真分数に分けて計算する2通りの方法を，場に応じてよりよい方法を選ぶといった能力の育成に結び付くからである。そのため，「数直線とテープ図」を用いて，視覚的に捉えさせていく。

2 指導の手順

$1\frac{3}{4}$ m と $\frac{2}{4}$ m の長さのテープをあわせると，何mになりますか。

手順1 数直線をかく。　　　　　　　　　$\frac{1}{4}$ の数直線をかく。

手順2 数直線の目盛りにあわせて，$1\frac{3}{4}$ m をテープ図に表す。

数直線の目盛りにあわせて，テープ図をかく。

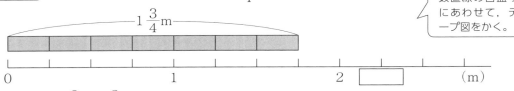

手順3 $1\frac{3}{4}$ m に $\frac{2}{4}$ m をつないだテープ図をかき，式と答えをかく。

$1\frac{3}{4}$ m の続きに $\frac{2}{4}$ m の長さのテープ図をかく。

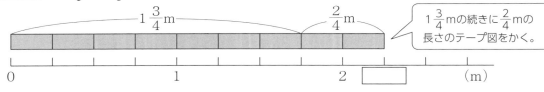

（式） $1\frac{3}{4} = \frac{7}{4}$ なので，$1\frac{3}{4} + \frac{2}{4} = \frac{7}{4} + \frac{2}{4} = \frac{9}{4}$　　テープ図を基に式に表す。

（答え）$\frac{9}{4}$ m

（式） $1\frac{3}{4} = 1 + \frac{3}{4}$ なので，$1\frac{3}{4} + \frac{2}{4} = 1 + \frac{3}{4} + \frac{2}{4} = 1 + \frac{5}{4} = 1 + 1 + \frac{1}{4} = 2\frac{1}{4}$

（答え）$2\frac{1}{4}$ m

（解答）　1　(1) ア $1\frac{3}{5}$　イ $\frac{4}{5}$　(2)（式）$1\frac{3}{5} + \frac{4}{5} = \frac{8}{5} + \frac{4}{5} = \frac{12}{5}\left(2\frac{2}{5}\right)$　（答え）$\frac{12}{5}\left(2\frac{2}{5}\right)$ m

　　　　　2　(1) 略　(2)（式）$1\frac{2}{3} + \frac{1}{3} = 1 + \frac{2}{3} + \frac{1}{3} = 1 + \frac{3}{3} = 2$　（答え）2 m

3 分数＋分数② 数直線とテープ図

月　日

名前

1 次の問題を「数直線とテープ図」に表し，式と答えをかきましょう。

> ひとみさんはリボンを$1\frac{3}{5}$m，ふみこさんは$\frac{4}{5}$mもっています。
> 2人のリボンをあわせると，何mになりますか。

(1) （　）に数を入れましょう。

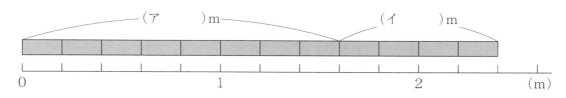

(2) 式と答えをかきましょう。
(式)

(答え)

2 次の問題を「数直線とテープ図」に表し，式と答えをかきましょう。

> $1\frac{2}{3}$mと$\frac{1}{3}$mのロープをあわせると，何mになりますか。

(1)「数直線とテープ図」をかきましょう。

(2) 式と答えをかきましょう。
(式)

(答え)

④ 図に表して （関係図）

1 指導のポイント

ここでの関係図は，時系列に従って要素の関係を整理して問題場面を理解できるようにすることがねらいである。要素の関係を整理するには次の4点から考えていく。

それは「要素の依存関係を考える。」「要素や関係の取捨選択，補足をする。」「要素や条件を分かりやすくする。」「問題の内容を具体化してみる。」である。

2 指導の手順

> フラワーショップで，同じねだんのひまわりを7本買い，次にスーパーに行って，100円の花びんを買うと，全部で520円でした。
> ひまわり1本のねだんは何円ですか。

手順1 数量を抜き出す。

「同じねだんのひまわり7本」「100円の花びん」「全部で520円」「ひまわり1本のねだん」

手順2 問題場面について矢印を使って表す。

（ひまわりのねだんと520円の関係を表してみましょう。）

［ひまわり7本のねだん］ →（花びんのねだん）→ □

□ →（7本分のねだん）→ □ →（花びんのねだん）→ □

手順3 要素の依存関係について数や言葉を用いて表す。

□ →7をかける→ □ →100をたす→ □
  ←7でわる←   ←100をひく←

（解答） 1 (1)アバナナ1本のねだん イバナナ6本のねだん ウ700 (2)エバナナ1本のねだん オバナナ6本のねだん カ700 キ6でわる ク80をたす
(3)（式）(700+80)÷6＝130 （答え）130円
2 (1)ケ8をかける コ60をひく サケーキ1このねだん シケーキ8このねだん
ス900 セ8でわる ソ60をたす (2)（式）(900+60)÷8＝120 （答え）120円

④ 図に表して 関係図

1 次の問題を関係図に表し，式と答えをかきましょう。

> バナナを6本買いました。
> 80円まけてもらって，700円はらいました。
> バナナは，1本何円のねだんがついていましたか。

(1) □の中に数やことばを入れましょう。

(2) □の中に数やことばを入れましょう。

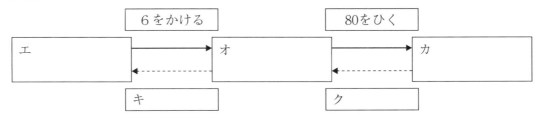

(3) 式と答えをかきましょう。

（式）

　　　　　　　　　　　　　　　　　　　　（答え）

2 次の問題を関係図に表し，式と答えをかきましょう。

> ケーキを8こ買いました。
> 60円まけてもらって，900円はらいました。
> ケーキは，1こ何円のねだんがついていましたか。

(1) □の中に数やことばを入れましょう。

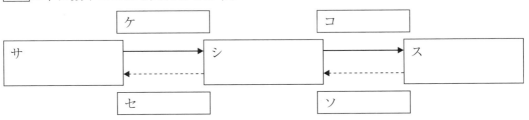

(2) 式と答えをかきましょう。

（式）

　　　　　　　　　　　　　　　　　　　　（答え）

5 何倍でしょう 関係図

1 指導のポイント

ここでの関係図は，一方の数量が他方の数量の何倍になっているかを理解できるようにすることがねらいである。しかし，問題文を読むだけでは，「一方の数量が他方の数量の何倍になっているか」を読み取ることが難しい場合もある。そこで，問題文を読み換え，「一方の数量が他方の数量の何倍になっているか」を正しく理解することができるようにする。

2 指導の手順

> タワーの高さは90mで，これはビルの高さの3倍です。
> ビルの高さは，小学校の高さの2倍です。
> 小学校の高さは何mですか。

手順1 問題文の1行目に着目する。
問題文にかかれていることを読み換えて，順に図に表す。

「タワーの高さは90mで，これはビルの高さの3倍です。」を「ビルの高さの3倍はタワーの高さ」と読み換えましょう。

手順2 問題文の2行目に着目する。小学校の高さの2倍がビルの高さになることに着目して，図の続きを表す。

手順3 「小学校」と「タワー」に着目する。

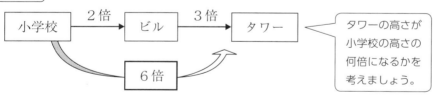

タワーの高さが小学校の高さの何倍になるかを考えましょう。

2×3＝6（タワーの高さは小学校の高さの6倍）

手順4 関係図を基に，式と答えをかく。
（式） 90÷6＝15　（答え）15m

（解答） 1 (1)ア箱　イ4　ウふくろ　エ2　オかん　カ96　キ8　(2)(式)96÷8＝12（答え）12こ
2 (1)ア弟　イ3　ウけんじ　エ2　オお父さん　カ72　キ6
(2)(式)72÷6＝12（答え）12kg

5 何倍でしょう 関係図

月　日

名前

1 次の問題を関係図に表し，式と答えをかきましょう。

> かん入りのキャンディーの数は96こで，これは，ふくろ入りの2倍です。
> ふくろ入りのキャンディーの数は，箱入りの4倍です。
> 箱入りのキャンディーの数は何こですか。

(1) □や（　）に数やことばを入れましょう。

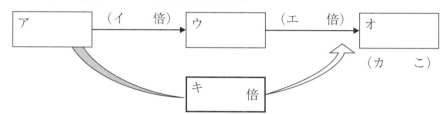

(2) 式と答えをかきましょう。
（式）

(答え)　　　　　　　　　　　　

2 次の問題を関係図に表し，式と答えをかきましょう。

> けんじさんのお父さんの体重は72kgで，けんじさんの体重の2倍あります。
> けんじさんの体重は，弟の体重の3倍あります。
> 弟の体重は何kgですか。

(1) 順に関係図をかきましょう。
　　□や（　）にあてはまることばや数字をかき入れましょう。

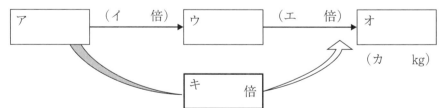

(2) 式と答えをかきましょう。
（式）

(答え)

Chapter 6
1 小数×小数① 数直線とテープ図

1 指導のポイント

ここでの「数直線とテープ図」は，乗数が小数である場合の式の意味について考え，その関係を理解できるようにすることがねらいである。それは，乗数が整数の場合は今まで通り累加から捉えることができるが，乗数が小数である場合は累加の意味では捉えることが難しくなるからである。そのため，「数直線とテープ図」を対応させることによって，量的に捉えさせていくようにする。そして，整数倍のときも小数倍のときも同じ関係になっていることに気付かせ，乗法の意味を一般化させ，統合的に理解させていくようにする。

2 指導の手順

> 1 mの重さが1.5kgの鉄のぼうがあります。
> この鉄のぼう2.6mの重さは何kgですか。

手順1 数直線をかく。

手順2 数直線の上にテープ図をかく。

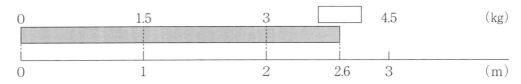

手順3 「数直線とテープ図」を基に，式と答えをかく。

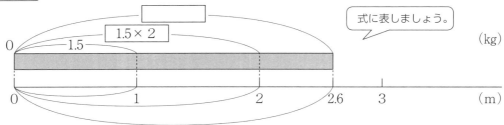

（式）1.5×2.6＝3.9　（答え）3.9kg

（解答）　1　ア4.5　イ求める重さ　ウ6.3　(2)（式）4.5×6.3＝28.35（答え）28.35 g
　　　　　2　(1)略　(2)（式）0.8×3.5＝2.8（答え）2.8kg

① 小数×小数① 数直線とテープ図

月　日

名前

1 次の問題を「数直線とテープ図」に表し，式と答えをかきましょう。

> 1 mが4.5 gの重さのはり金があります。
> 6.3mの重さは，何gでしょう。

(1) （　）にあてはまる数やことばを入れましょう。

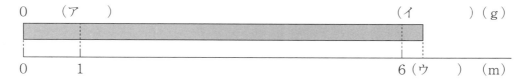

0　（ア　　）　　　　　　　　　　　　　（イ　　）（g）

0　1　　　　　　　　　　　　　　　6（ウ　　）（m）

(2) 式と答えをかきましょう。
(式)

(答え)

2 次の問題を「数直線とテープ図」に表し，式と答えをかきましょう。

> 1 Lの重さが0.8kgのとう油3.5 Lの重さは，何kgでしょう。

(1) 「数直線とテープ図」をかきましょう。

(2) 式と答えをかきましょう。
(式)

(答え)

2 小数×小数② 2本の数直線

1 指導のポイント

「小数×小数」の単元で初めて「2本の数直線」が出てくる。指導に当たっては，まず，数直線とテープ図で扱い，その後「2本の数直線」に発展させていくようにする。

「2本の数直線」は，それぞれ，量と割合（何倍になっているか）を表している。「小数×小数」の学習では，「2本の数直線」を活用し，整数の乗法の意味から，乗数が小数の場合にも乗法が適用できるというように意味の拡張を図っていく。例えば，120×2.5の意味を考えるとき，「2本の数直線」を用いて表したり，「120を1とみたとき，2.5に当たる大きさ」と表したり，公式や言葉の式を利用したりして，乗法の意味を説明する活動を大切にする。「2本の数直線」の指導では，図に表された数量の関係を読み取ってそれを式に表す活動や，式に表された数量の関係を読み取ってそれを図に表すなどの活動を通して，式と図を関連づけることができるようにすることが大切である。

2 指導の手順

> 1mの重さが1.2kgの鉄のぼうがあります。この鉄のぼう0.7mの重さは何kgですか。

手順1 長さと重さのもとになる「2本の数直線」をかく。

①長さを表す直線からひきましょう。
②重さを表す直線を長さにあわせてひきましょう。
③左はしに0をかきましょう。

手順2 「2本の直線」に分かっている点をかく。

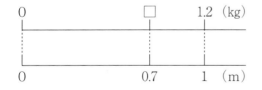

①長さの直線上に1の点をとりましょう。
②長さの1の点にあわせ，重さの直線上に1.2の点をとりましょう。
③同様に，長さ0.7，重さ□の点をとりましょう。

手順3 「2本の数直線」を基に，式と答えをかく。

1mが1.2kgなので，0.7mは1mの0.7倍だから
（式）1.2×0.7＝0.84　（答え）0.84kg

（解答）　1　（式）0.8×0.4＝0.32
　　　　　2　(1)略　(2)（式）1.4×0.6＝0.84　（答え）0.84kg

② 小数×小数② 2本の数直線

名前

月　日

1 次の問題を「2本の数直線」に表し，重さを求める式をかきましょう。

> 1Lの食用油の重さをはかると0.8kgありました。
> この食用油0.4Lの重さは何kgですか。

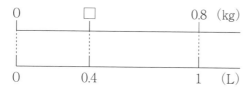

　　　　　　　　　　　　　　　　　　　　（式）

2 次の問題を「2本の数直線」に表し，重さを求める式について考えましょう。

> 1mの重さが1.4kgの鉄のぼうがあります。
> この鉄のぼう0.6mの重さは何kgですか。

(1) 長さと重さの「2本の数直線」を順にかきましょう。

　① 長さを表す直線をひきましょう。

　② 重さを表す直線を，長さにあわせてひきましょう。

　③ 左はしに0をかきましょう。

　④ 分かっている点をかきましょう。

(2) どんな式になるかを考え，答えをかきましょう。

（式）

　　　　　　　　　　　　　　　　　　　　（答え）

3 小数÷小数　数直線とテープ図

1 指導のポイント

ここでの「数直線とテープ図」は，比例関係を基にして乗法の式で立式するという考えを理解できるようにすることがねらいである。それは，比例関係を基にするためには，一方が2倍，3倍，……となると，他方も2倍，3倍，……になる関係を把握することが重要だからである。そのため，等分除のリボンの1mの値段を求める問題で導入を行い，比例関係が見えやすく，「数直線とテープ図」に置き換えて表現できるようにする。

2 指導の手順

> 長さが2m，2.5mのリボンがあります。代金はどれも200円でした。
> それぞれのリボン1mのねだんは何円ですか。

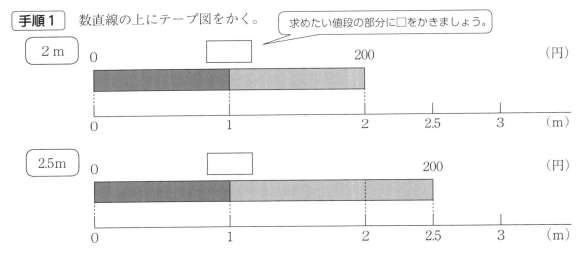

手順2　「数直線とテープ図」を基に，式と答えをかく。

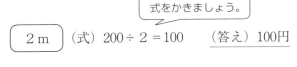

2m　（式）200 ÷ 2 = 100　　（答え）100円

2.5m　（式）200 ÷ 2.5 = 80　　（答え）80円

（解答）　1　(1)ア2.4　(2) （式）72÷2.4=30　（答え）30円
　　　　　2　(1)略　(2) （式）7.8÷6.5=1.2　（答え）1.2kg

3 小数÷小数 数直線とテープ図

名前

月　日

1　次の問題を「数直線とテープ図」に表し，式と答えをかきましょう。

> 2.4mで72円のゴムひもがあります。
> 1mのねだんはいくらでしょう。

(1) （　）にあてはまる数を入れましょう。

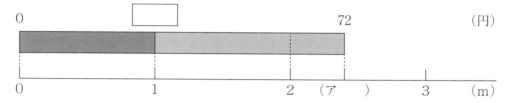

(2) 式と答えをかきましょう。

(式)

(答え)

2　次の問題を「数直線とテープ図」に表し，式と答えをかきましょう。

> 6.5mの重さで7.8kgの鉄のぼうがあります。
> この鉄のぼう1mの重さは何kgですか。

(1) 「数直線とテープ図」をかきましょう。

(2) 式と答えをかきましょう。

(式)

(答え)

4 分数+分数（異分母の分数）　液量図

1　指導のポイント

　ここでの液量図は，分数の加法における数量の関係を液量で表し，思考の助けや確かめをすることがねらいである。それは，分数などで表した連続量を液量図で示し，液量をあわせたりひいたりして問題の構造をイメージしやすくし，その意味を確かめることができるからである。そのため，単位量やその幾つ分かを液量図に色をぬりながら表現していく。

2　指導の手順

> 水が，Aのいれものに $\frac{1}{2}$ L はいっています。Bのいれものには，$\frac{1}{3}$ L はいっています。あわせて何Lになりますか。

※液量図をかく際は，ノートのます目などを利用してかくとよい。

手順1　AとBの液量図に目盛りをかき，水をかき入れる。

Aのいれもの $\frac{1}{2}$ L　　Bのいれもの $\frac{1}{3}$ L

「幾つに分けた幾つ分」かを考え，目盛りをつけ，色をぬりましょう。

手順2　AとBの液量図に共通の目盛りをつくり，水をかき入れる。

Aのいれもの $\frac{3}{6}$ L　　Bのいれもの $\frac{2}{6}$ L　　AとBをあわせたいれもの $\frac{5}{6}$ L

$\frac{1}{2} \rightarrow \frac{3}{6}$　　$\frac{1}{3} \rightarrow \frac{2}{6}$

AとBの目盛りをあわせるため通分し，たし算ができるようにしましょう。幾つ分になるか考え，色をぬりましょう。その後，たしたものも色をぬりましょう。

手順3　液量図を基に，式と答えをかく。

［計算］

（式）$\frac{1}{2} + \frac{1}{3} = \frac{3}{6} + \frac{2}{6}$

　　　　　$= \frac{5}{6}$　　（答え）$\frac{5}{6}$ L

液量図と見比べながら，AとBをあわせる式をかき，通分の意味や答えの量を確認しましょう。

（解答）　1　（式）$\frac{1}{2} + \frac{1}{5} = \frac{5}{10} + \frac{2}{10}$　　　2　（式）$\frac{3}{4} - \frac{1}{2} = \frac{3}{4} - \frac{2}{4}$

　　　　　　　　　　　　$= \frac{7}{10}$　（答え）$\frac{7}{10}$ L　　　　　　　　　　$= \frac{1}{4}$　（答え）$\frac{1}{4}$ L

④ 分数＋分数 液量図

月　日
名前

1 次の問題を液量図にかきます。液量図に色をぬり，式をかいて答えを求めましょう。

> 水が，Aのいれものに $\frac{1}{2}$ L はいっています。Bのいれものには，$\frac{1}{5}$ L はいっています。あわせて何Lになりますか。

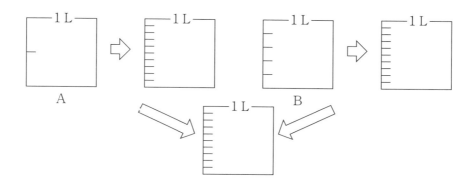

（式）

（答え）

2 次の問題について液量図や式をかいて答えを求めましょう。（自分で液量図の目盛りを分けてみましょう。）

> 水が，Aのいれものに $\frac{3}{4}$ L はいっています。Bのいれものには，$\frac{1}{2}$ L はいっています。ちがいは何Lになりますか。

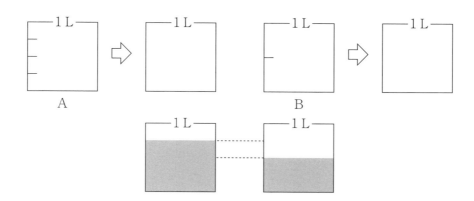

（式）

（答え）

5 分数×整数① 数直線と面積図

1 指導のポイント

ここでの「数直線と面積図」は，分数×分数の計算の意味や計算の仕方を理解できるようにすることがねらいである。

2 指導の手順

> 小屋にペンキをぬっていきます。
> 1dLで$\frac{2}{5}$㎡ぬれるペンキがあります。このペンキ3dLでは何㎡ぬれますか。

手順1 立式する。

$\frac{2}{5} \times 3$

手順2 1dL当たりにぬれる面積を図に表す。

1dLでぬれる面積$\left(\frac{2}{5}㎡\right)$に色をぬりましょう。

手順3 3dLでぬれる面積を図にかき加える。

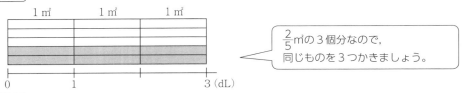

$\frac{2}{5}$㎡の3個分なので，同じものを3つかきましょう。

手順4 「数直線と面積図」を見て，計算の仕方と答えを考える。

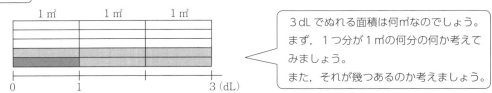

3dLでぬれる面積は何㎡なのでしょう。
まず，1つ分が1㎡の何分の何か考えてみましょう。
また，それが幾つあるのか考えましょう。

手順5 「数直線と面積図」を基に，式と答えをかく。

(式) $\frac{2}{5} \times 3 = \frac{2 \times 3}{5} = \frac{6}{5}$　　(答え) $\frac{6}{5}$㎡

(解答) 1 (1)略 (2)(式) $\frac{2}{3} \times 4 = \frac{8}{3}$ (答え) $\frac{8}{3}$㎡
　　　　2 (1)略 (2)(式) $\frac{5}{6} \times 5 = \frac{25}{6}$ (答え) $\frac{25}{6}$㎡

5 分数×整数① 数直線と面積図

ワークシート

月　日

名前

1 次の問題を「数直線と面積図」に表し，式と答えを求めましょう。

> 1dL で $\frac{2}{3}$ ㎡ぬれるペンキがあります。4dL では何㎡ぬれますか。

(1) 1dL でぬれる面積をぬりましょう。

(2) 4dL でぬれる面積をかきたしましょう。

(3) 「数直線と面積図」を見て，式と答えを求めましょう。
（式）

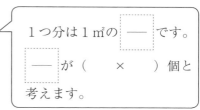

1つ分は1㎡の □/□ です。
□/□ が（　×　）個と考えます。

（答え）　　　　　　

2 次の問題を「数直線と面積図」に表し，式と答えを求めましょう。

> 1dL で $\frac{5}{6}$ ㎡ぬれるペンキがあります。5dL では何㎡ぬれますか。

(1) 1dL でぬれる面積をぬりましょう。

(2) 5dL でぬれる面積をかきたしましょう。

(3) 「数直線と面積図」を見て，式と答えを求めましょう。
（式）

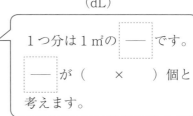

1つ分は1㎡の □/□ です。
□/□ が（　×　）個と考えます。

（答え）

6 分数×整数② 2本の数直線

1 指導のポイント

　ここでの「2本の数直線」は，分数×整数の計算の仕方を理解できるようにすることがねらいである。それは，分数×整数の問題で，「2本の数直線」を活用することで，整数の乗法の意味から，乗法の範囲を分数まで拡張し，乗数が分数の場合にも乗法が適用できることに気付かせ，分数の乗法の意味を理解させるために有効だからである。そのために，図に表された数量の関係を読み取ってそれを式に表す活動や，式に表された数量の関係を読み取ってそれを図に表すなどの活動を通して，式と図を関連づけることができるようにする。

2 指導の手順

> 1dLで $\frac{3}{5}$ ㎡ぬれるペンキがあります。このペンキ4dLでは何㎡ぬれますか。

手順1 ペンキの量とぬれる面積の「2本の数直線」をかく。

①ペンキの量（dL）を表す直線からひきましょう。
②ぬれる面積（㎡）を表す直線を，ペンキの量の直線にあわせてひきましょう。
③左はしに0をかきましょう。

手順2 「2本の数直線」に分かっている点をかく。

①ペンキの量の直線上に，1の量の点をとりましょう。
②ぬれる面積の直線上に，ペンキの量の直線上の1にあわせて，$\frac{3}{5}$とかきましょう。
③同様に，ペンキの量4の点を決め，ぬれる面積の直線上に，面積□の点をとりましょう。

手順3 「2本の数直線」を基に，式と答えをかく。

（式） $\frac{3}{5} \times 4 = \frac{3 \times 4}{5} = \frac{12}{5}$　　（答え） $\frac{12}{5}$

（解答） 1　(1)図は略，ア $\frac{4}{7}$　イ 6　(2)上の2本の数直線から，1dLで $\frac{4}{7}$ ㎡ぬれるので，6dLはその6倍になります。だから $\frac{4}{7} \times 6$ で，答えが $\frac{24}{7}$ ㎡になります。
　　　2　(1)略　(2)上の2本の数直線から，1dLで $\frac{4}{9}$ ㎡ぬれるので，5dLはその5倍になります。だから $\frac{4}{9} \times 5$ で，答えが $\frac{20}{9}$ ㎡になります。

6 分数×整数② 2本の数直線

ワークシート

名前

1 次の問題を「2本の数直線」に表し、式について説明しましょう。

> 1dLで $\frac{4}{7}$ ㎡ぬれるペンキがあります。このペンキ6dLでは何㎡ぬれますか。

(1) 上の問題を下の「2本の数直線」の（　）に、あてはまる数をかきましょう。

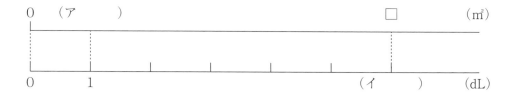

(2) ぬれる面積を求める式について説明しましょう。
　○かけ算になるわけをかきましょう。

2 次の問題を読み、ぬれる面積を求める式について求めましょう。

> 1dLで $\frac{4}{9}$ ㎡ぬれるペンキがあります。このペンキ5dLでは何㎡ぬれますか。

(1) ペンキの量とぬれる面積について「2本の数直線」を順にかきましょう。

① ペンキの量（dL）を表す直線をひきましょう。
② ぬれる面積（㎡）を表す直線をひきましょう。
③ 左はしに0をかきましょう。
④ 分かっている点をかきましょう。

(2) ぬれる面積を求める式について説明しましょう。

7 分数÷整数　数直線と面積図

1 指導のポイント

ここでの「数直線と面積図」は，分数÷整数の計算の意味や仕方を理解できるようにすることがねらいである。それは，分数÷整数で量を明らかにしながら計算の意味や仕方を理解するためにとても分かりやすく表現できるからである。そのため，問題の言葉を「数直線と面積図」に表して表現できるようにする。

2 指導の手順

> 小屋にペンキをぬっていきます。
> 3dL で $\frac{2}{5}$ ㎡ぬれるペンキがあります。このペンキ1dL では何㎡ぬれますか。

手順1　3dL でぬれる面積を図に表す。

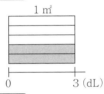

> 3dL でぬれる面積（$\frac{2}{5}$ ㎡）に色をぬりましょう。面積図の下にかさを表す数直線をひき左はしに0を，右はしに3dL をとりましょう。

手順2　1dL でぬれる面積を図にかき加える。

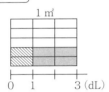

> 1dL 分は $\frac{2}{5}$ ㎡を3つに分けるので，数直線と面積図を3等分しましょう。

手順3　「数直線と面積図」を基に，計算の仕方を考える。

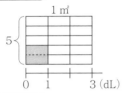

> 1dL でぬれる面積は何㎡なのでしょう。
> まず，1つ分　　が1㎡の何分の何かを考えましょう。
> ⇒ $\left(\frac{1}{5 \times 3}\right)$
> また，それが幾つあるのか考えましょう。

手順4　「数直線と面積図」を基に，式と答えをかく。

（式）$\frac{2}{5} \div 3 = \frac{2}{5 \times 3} = \frac{2}{15}$　　（答え）$\frac{2}{15}$ ㎡

（解答）　1　(1)略　(2)ア $\frac{1}{12}$　イ $\frac{1}{12}$　ウ 2　（式）$\frac{2}{3} \div 4 = \frac{2}{3 \times 4} = \frac{1}{6}$　（答え）$\frac{1}{6}$ ㎡
　　　　　2　(1)略　(2)エ $\frac{1}{24}$　オ $\frac{1}{24}$　カ 5　（式）$\frac{5}{6} \div 4 = \frac{5}{6 \times 4} = \frac{5}{24}$　（答え）$\frac{5}{24}$ ㎡

7 分数÷整数 数直線と面積図

ワークシート

月　日

名前

1 次の問題を「数直線と面積図」に表し，式と答えを求めましょう。

> 4dLで $\frac{2}{3}$ ㎡ぬれるペンキがあります。1dLでは何㎡ぬれますか。

(1) 4dLでぬれる面積をぬりましょう。次に，1dLでぬれる面積をかきたしましょう。

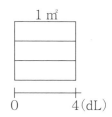

(2) 「数直線と面積図」を見て，式と答えをかきましょう。
（式）

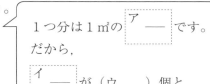

1つ分は1㎡の ア □ です。
だから，
イ □ が（ウ　）個と考えます。

（答え）＿＿＿＿＿＿＿＿

2 次の問題を「数直線と面積図」に表し，式と答えを求めましょう。

> 4dLで $\frac{5}{6}$ ㎡ぬれるペンキがあります。1dLでは何㎡ぬれますか。

(1) 4dLでぬれる面積をぬりましょう。次に，1dLでぬれる面積をかきたしましょう。

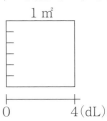

(2) 「数直線と面積図」を見て，式と答えをかきましょう。
（式）

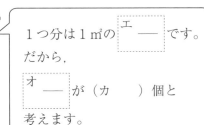

1つ分は1㎡の エ □ です。
だから，
オ □ が（カ　）個と考えます。

（答え）＿＿＿＿＿＿＿＿

8 割合① 線分図

1 指導のポイント

ここでの線分図は，もとにする量と割合から比べる量を求める問題場面で，数量の関係を理解できるようにすることがねらいである。それは，数量の関係を線分にして捉えることにより，構造的に分かりやすく表現できるからである。そのため，「1に当たる大きさと，その□倍に当たる大きさ」のように割合としてかき表すことができるようにする。

2 指導の手順

> たかしさんの学校の5年生は，80人です。男子は，5年生の人数の0.6倍だそうです。男子の人数は何人ですか。

手順1 1に当たる大きさ（もとにする量）をかく。

5年生全体の人数（1に当たる大きさ）が80人です。

手順2 0.6の線分をかく。

5年生全体の人数の0.6倍は，どこに表されるかかきましょう。

手順3 求める男子の人数（□人）の部分をかく。

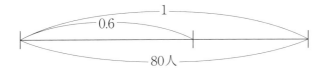

求める大きさは何かな。

どこの部分かな。

手順4 線分図を基に，式と答えをかく。

（式）80×0.6＝48　（答え）48人

（解答）　1　(1)ア1.2　イ1　ウ1200　(2)（式）1200×1.2＝1440　（答え）1440円
　　　　　2　(1)略　(2)（式）6000×0.2＝1200　（答え）1200㎡

8 割合① 線分図

月　日

名前

1 次の問題を線分図に表し，式と答えを求めましょう。

> 去年1200円だった文房具が，ことしは去年の1.2倍のねだんになったそうです。
> ことしは，何円になりましたか。

(1) （　）に数やことばを入れましょう。

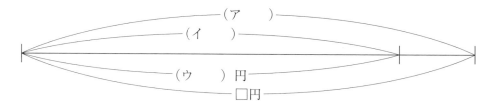

(2) 式と答えをかきましょう。

(式)

(答え)

2 次の問題を線分図に表し，式と答えを求めましょう。

> ひろ子さんの学校のしき地は6000㎡で，しき地全体の0.2倍が中庭だそうです。
> 中庭の面積はどれだけですか。

(1) 線分図をかきましょう。

① まず，1に当たる大きさが，6000㎡です。
② 次に，0.2倍が中庭に当たります。
③ そして，中庭の面積を求めます。

(2) 式と答えをかきましょう。

(式)

(答え)

9 割合② 数直線

1 指導のポイント

　ここでの数直線は，稠密性（整数と小数・分数の全体では，どんな２つの数の間にも必ず数が存在すること）を活用して理解できるようにすることがねらいである。割合の学習で，割合を表す小数と百分率の関係を数直線上に表し，小数の値が小さくなると，数直線の稠密性を生かし，小さな位へ進めていくことができるからである。そのために，位が１つ小さくなるごとに，数直線の１目盛りを10等分したものを考えていく。

2 指導の手順

> 　昨日のニュースで，列車の乗車率が80％ですと報道されました。今朝のニュースでは，列車の乗車率が120％ですと報道されました。乗車率を数直線上に表しましょう。

手順1 ○原点（0）を左はしに位置づけた数直線（15cm以上の長さが必要）をかく。0から10cm右側に１を設定し，100％とする。

手順2 ○80％に印を付ける。0から１までを10に等分する目盛りを定規で確かめながら打つ。
○１を等しく10に分けた８つ分，１を等しく100に分けた80個分と考え，数では0.8に当たることを押さえる。

手順3 ○120％に印を付ける。

手順4 ○88％や66.6％を考えることで，１目盛りをさらに小さく等分すればよいことに気付く。

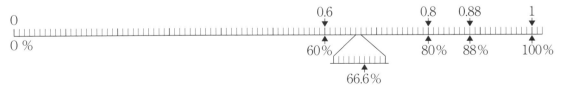

（解答）　1　0.3は30％，0.2は20％，0.08は8％，1.25は125％，0.357は35.7％です。
　　　　　2　25％は0.25，7％は0.07，35％は0.35，120％は1.2（1.20），18.7％0.187です。

9 割合② 数直線

月　日

名前

1 0.3（例），0.2，0.08，1.25，0.357を数直線上に表し，百分率で表しましょう。
必要なときは，下の追加シートを切り取って，考えましょう。

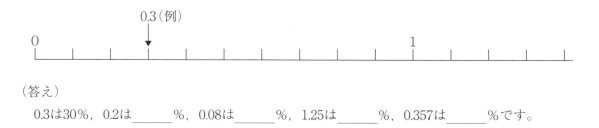

（答え）
0.3は30％，0.2は＿＿＿％，0.08は＿＿＿％，1.25は＿＿＿％，0.357は＿＿＿％です。

2 25％（例），7％，35％，120％，18.7％を数直線上に表し，小数で表しましょう。
必要なときは，下の追加シートを切り取って，考えましょう。

（答え）
25％は0.25，7％は＿＿＿，35％は＿＿＿，120％は＿＿＿，18.7％＿＿＿です。

追加シート（必要に応じて切り取って使いましょう。）

⑩ 割合③ 関係図

1 指導のポイント

　ここでの関係図は，割合の意味を捉えさせたり，演算決定をさせたりする場面で，児童の思考の手助けとなるようにするのがねらいである。それは，「数量 B をもとにして，数量 A を比べるとき，その割合は C」という関係を図で表現することで，2つの関係を明確に示すことができるからである（右図）。そのため，もとにする量を何倍かにした数が，比べる量になることを，矢印を使って表すことができるようにする。

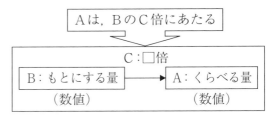

2 指導の手順

　　みゆきさんの学校の5年生は，125人です。このうち，運動クラブにはいった人は，75人でした。運動クラブの人数は，5年生全体の人数の何倍ですか。

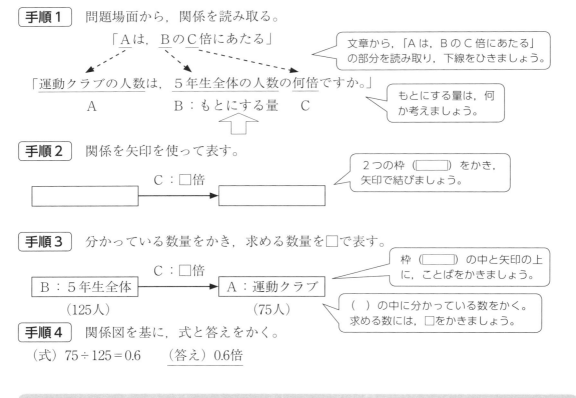

（式）$75 ÷ 125 = 0.6$　　（答え）0.6倍

（解答）　1　(1)略　(2)中庭全体の面積　(3)ア 中庭全体の面積　イ 花だんの面積　(4)ウ ○　エ 500
　　　　　　　オ 200　(5)（式）$200 ÷ 500 = 0.4$　（答え）0.4倍
　　　　　2　(1)略　(2)略　(3)（式）$15 ÷ 75 = 0.2$　（答え）0.2倍

10 割合③ 関係図

名前

1 次の問題を関係図に表し，式と答えを求めましょう。

> みゆきさんの学校の中庭は500㎡で，そのうち200㎡が花だんです。
> 花だんの面積は，中庭全体の面積の何倍ですか。

(1) 「AはBのC倍にあたる」の部分を読み取り，下線をひきましょう。
(2) B：もとにする量は，(　　　　)です。
(3) 下の図の□の中にあてはまることばを入れましょう。
(4) (　)にあてはまる数を，求める数は○をかきましょう。

| ア |　→（ウ　倍）→　| イ |
| （エ　　）㎡ | | （オ　　）㎡ |

(5) 式と答えをかきましょう。
(式)

(答え)　　　　　　　　　

2 次の問題を関係図に表し，式と答えを求めましょう。

> 運動クラブにはいった75人のうち，陸上クラブにはいった人は15人でした。
> 陸上クラブにはいった人数は，運動クラブ全体の人数の何倍ですか。

(1) 「AはBのC倍にあたる」の部分を読み取り，下線をひきましょう。
(2) 関係図をかきましょう。

(3) 式と答えをかきましょう。
(式)

(答え)

Chapter 7

① 分数×分数① 数直線と面積図

第6学年 数学的な表現方法の指導アイデア

1 指導のポイント

ここでの「数直線と面積図」は，分数×単位分数の答えを，量感を伴いながら理解できるようにすることがねらいである。それは，分数をかけることにより，もとになる量（かけられる数）がどのように変化するのかを理解させるのが難しいからである。そのために「1」となるもの（1㎡や1dL）をしっかりと理解ができるようにする。その上で，答えを見付けるのに役立てる。

2 指導の手順

> 1dLで$\frac{4}{5}$㎡ぬれるペンキがあります。このペンキ$\frac{1}{3}$dLでは，何㎡ぬれますか。

手順1 1㎡の面積を表す長方形をかく。
それを5等分し，$\frac{4}{5}$の部分に薄く色をぬる。

> 5等分し，$\frac{4}{5}$の部分に色をぬりましょう。

○$\frac{4}{5}$なのか$\frac{4}{5}$㎡なのかを問い，$\frac{4}{5}$㎡であることを確かめ，1㎡を意識できるようにする。

手順2 面積図の下にかさを表す数直線をひく。
左はしに0を，右はしに1をとる。数直線を3等分し，$\frac{1}{3}$，$\frac{2}{3}$をかきこむ。

> 数直線かき，それを3等分しましょう。

手順3 直線上の$\frac{1}{3}$，$\frac{2}{3}$にあわせて面積図を縦に3等分する。答えに当たる部分を濃くぬる。

> $\frac{4}{5}\times\frac{1}{3}$の答えは，濃くぬった部分なので，答えは（全体の）$\frac{4}{15}$です。

○■の大きさを問い，$\frac{1}{15}$㎡であることを確かめる。

その上で，答えが$\frac{1}{15}$㎡が4つで$\frac{4}{15}$㎡であることを確かめる。

（式）$\frac{4}{5}\times\frac{1}{3}=\frac{4}{15}$　　（答え）$\frac{4}{15}$㎡

（解答）　1　(1)略　(2)左から$\frac{1}{4}$，$\frac{2}{4}$，$\frac{3}{4}$　(3)略　(4)（式）$\frac{3}{5}\times\frac{1}{4}=\frac{3}{20}$（答え）$\frac{3}{20}$㎡
　　　　　2　(1)略　(2)（式）$\frac{5}{7}\times\frac{1}{3}=\frac{5}{21}$（答え）$\frac{5}{21}$㎡

1 分数×分数① 数直線と面積図

月　　日

名前

1 次の問題を「数直線と面積図」に表し，式と答えを求めましょう。

> 1dLで $\frac{3}{5}$ ㎡ぬれるペンキがあります。このペンキ $\frac{1}{4}$ dLでは，何㎡ぬれますか。

(1) 1㎡の $\frac{3}{5}$ に色をぬりましょう。

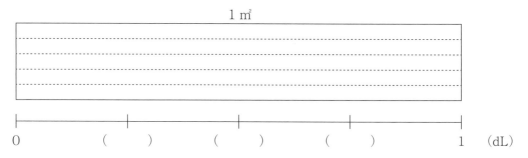

(2) (　) にあてはまる数をかき入れ，面積図を縦に分けましょう。
(3) 答えにあたる部分を濃くぬりましょう。
(4) 式をかいて答えを求めましょう。

(式)　　　　　　　　　　　　　　　　　　　　(答え)

2 次の問題を「数直線と面積図」に表し，式と答えを求めましょう。

> 1dLで $\frac{5}{7}$ ㎡ぬれるペンキがあります。このペンキ $\frac{1}{3}$ dLでは，何㎡ぬれますか。

(1) 上の問題の手順を参考にして「数直線と面積図」をかきましょう。

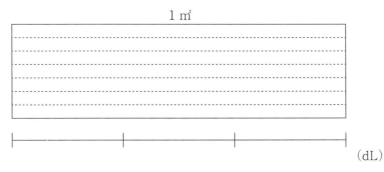

(2) 式にかいて答えを求めましょう。

(式)　　　　　　　　　　　　　　　　　　　　(答え)

2 分数×分数② 数直線と面積図

1 指導のポイント

ここでの「数直線と面積図」は，分数×分数の乗法の計算の仕方について理解できるようにすることがねらいである。また，2量の関係を表すために数直線を併用するとより効果的である。それは，分数×分数の問題で，2量の関係を面積図に置き換えることにより，積の大きさを視覚的に捉えることができるからである。

そのため，「1dL 当たりにペンキを何㎡ぬることができるか」という問題で，単位量当たりにぬれる面積を面積図で，ペンキの量を数直線で表し，その積を面積として表現することで分数×分数の意味を理解することができる。

2 指導の手順

> 1dL で $\frac{2}{5}$ ㎡ぬれるペンキがあります。$\frac{2}{3}$ dL のペンキでは何㎡ぬれますか。

手順1 立式して，1dL 当たりにぬれる面積を図に表す。

> 1dL のペンキでぬれる面積 $\left(\frac{2}{5}㎡\right)$ を青でぬりましょう。

手順2 $\frac{2}{3}$ dL でぬれる面積を図にかき加える。

> まず，数直線を3等分し，面積図も3等分しましょう。
> 次に $\frac{2}{3}$ dL でぬれる部分の面積を赤でぬりましょう。

手順3 $\frac{2}{3}$ dL でぬれる面積は1㎡の何等分の幾つ分かを考える。

> 1つ分は，1㎡の○分の1でしょう。
> また，それが幾つあるのか考えましょう。

手順4 「数直線と面積図」を基に，式と答えをかく。

(式) $\frac{2}{5} \times \frac{2}{3} = \frac{4}{5 \times 3} = \frac{4}{15}$　　(答え) $\frac{4}{15}$ ㎡

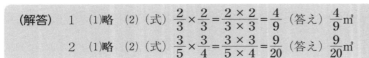

(解答)　1　(1)略　(2) (式) $\frac{2}{3} \times \frac{2}{3} = \frac{2 \times 2}{3 \times 3} = \frac{4}{9}$ (答え) $\frac{4}{9}$ ㎡
　　　　2　(1)略　(2) (式) $\frac{3}{5} \times \frac{3}{4} = \frac{3 \times 3}{5 \times 4} = \frac{9}{20}$ (答え) $\frac{9}{20}$ ㎡

2 分数×分数② 数直線と面積図

ワークシート

名前　　　　　　　　　　　　　　月　　日

1 次の問題を「数直線と面積図」に表し，式と答えを求めましょう。

> 1dLで $\frac{2}{3}$ ㎡ぬれるペンキがあります。$\frac{2}{3}$ dLのペンキでは何㎡ぬれますか。

(1) 問題にあうように，下の手順で図に色をぬりましょう。

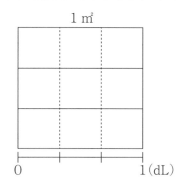

① 1dLのペンキでぬれる面積 $\left(\frac{2}{3}\text{㎡}\right)$ を青でぬる。
② $\frac{2}{3}$ dLでぬれる面積を赤でぬる。
③ ぬったところが，○分の1のいくつ分か考える。

(2) 式と答えを考えましょう。
（式）

　　　　　　　　　　　　　　　　　　　　　　（答え）

2 次の問題を「数直線と面積図」にかいて，式と答えを求めましょう。

> 1dLで $\frac{3}{5}$ ㎡ぬれるペンキがあります。$\frac{3}{4}$ dLのペンキでは何㎡ぬれますか。

(1) 問題にあうように，下の手順で図にかきましょう。

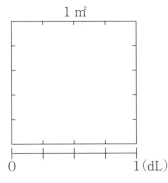

① 1㎡を5等分する線をひく。
② 1dLのペンキでぬれる面積 $\left(\frac{3}{5}\text{㎡}\right)$ を青でぬる。
③ さらに，数直線を4等分し，面積図にも4等分する線を縦にひく。
④ $\frac{3}{4}$ dLでぬれる面積を赤でぬる。
⑤ ぬったところが，○分の1のいくつ分か考える。

(2) 式と答えを考えましょう。
（式）

　　　　　　　　　　　　　　　　　　　　　　（答え）

3 分数×分数③ 関係図

1 指導のポイント

　ここでの関係図は，割合を表す分数を用いて問題を解決する場合に，その数量間の関係を理解できるようにすることがねらいである。それは，もとにする量・比べる量・割合の関係が理解しやすくなるからである。

2 指導の手順

> 面積が15㎡の花だんの $\frac{3}{5}$ に花が植えてあります。花が植えてあるところの面積は，何㎡ですか。

手順1　花だんと花の面積を関係図に表す。

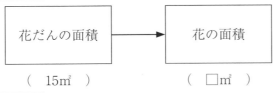

花だんの面積を15㎡，花の面積を□㎡として，図に表しましょう。

手順2　花だんと花の面積の関係を考える。

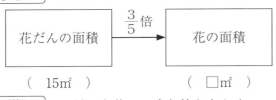

花だんの $\frac{3}{5}$ に花が植えてあるから，花だんの $\frac{3}{5}$ 倍が花の面積です。

手順3　関係図を基に，式と答えをかく。

　（式）$15 \times \frac{3}{5} = 9$　　（答え）9㎡

（解答）　1　(1)ア180　イ $\frac{2}{3}$ 　ウ トマトを植えた面積　（式）$180 \times \frac{2}{3} = 120$　（答え）120㎡

　　　　　2　図は略，（式）$600 \times \frac{3}{5} = 360$　（答え）360枚

3 分数×分数③ 関係図

名前

月　　日

1 次の問題を関係図に表し，式と答えを求めましょう。

> 畑全体の面積は180㎡で，全体の $\frac{2}{3}$ にトマトを植えました。トマトを植えた面積は，何㎡でしょう。

(1) （　）や□にことばや数を入れて，関係図を完成させましょう。

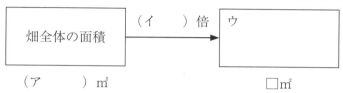

(2) 問題を解きましょう。
（式）

（答え）　　　　　　　　　

2 次の問題を関係図に表し，式と答えを求めましょう。

> 色紙が，600枚あります。そのうち $\frac{3}{5}$ を使いました。使った色紙は，何枚でしょう。

---- 関係図 ----

（式）

（答え）

4 分数÷分数① 数直線と面積図

1 指導のポイント

ここでの「数直線と面積図」では、被除数の $\frac{3}{5}$ を面積図で、除数の $\frac{1}{3}$ を数直線で表し、数直線の1に当たる量（数）を求めるのがねらいである。それは、分数はその大きさが捉えにくいため、面積図を用いることで、除数の1に当たる量がどれだけになるかを視覚的に分かりやすくするためである。そのため、常に1㎡や求めるべき1dLがどこに当たるのかを問いかけることで意識できるようにする。

2 指導の手順

$\frac{3}{5}$ ㎡のかべをぬるのに、ペンキを $\frac{1}{3}$ dL 使いました。1dL では、何㎡ぬれますか。

手順1 1㎡を表す長方形をかき、1㎡の $\frac{3}{5}$ の部分に色をぬる。（$\frac{1}{5}$ ㎡の幾つ分か、分かるようにしておく。）

> 1㎡を5等分し、$\frac{3}{5}$ の部分に色をぬりましょう。

手順2 面積図の下に、かさを表す数直線をひく。面積図の幅にあわせて、かさの数直線上に 0, $\frac{1}{3}$, $\frac{2}{3}$, 1 を決める。

○このとき、$\frac{3}{5}$ ㎡をぬれるのは、$\frac{1}{3}$ dL であることや、求める面積は 1dL のときであることを確かめる。

> 数直線をかき、0, $\frac{1}{3}$, $\frac{2}{3}$, 1 をかき入れましょう。

手順3 面積図の $\frac{3}{5}$ ㎡の部分を、かさの 1dL のところまで横に広げる。

○ここで ▬▬ の大きさを問うことで、もとになる大きさが $\frac{1}{5}$ ㎡であることや、答えが $\frac{9}{5}$ ㎡であることを理解させる。

> ▬▬ は何㎡ですか？

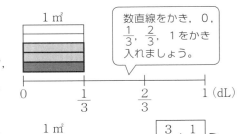

○1dL は $\frac{1}{3}$ dL の3倍であることから $\frac{1}{3}$ で割ることは、3倍することと同じであることに気付かせ、式や答えに導く。

　（式）$\frac{3}{5} \div \frac{1}{3} = \frac{3}{5} \times 3 = \frac{9}{5}$　　（答え）$\frac{9}{5}$ ㎡

（解答）　1　(1) 左から $\frac{1}{4}$, $\frac{2}{4}$, $\frac{3}{4}$　(2) $\frac{1}{20}$ ㎡　(3)（式）$\frac{2}{5} \div \frac{1}{4} = \frac{2}{5} \times 4 = \frac{8}{5}$　（答え）$\frac{8}{5}$ ㎡

　　　　　2　(1) 略　(2)（式）$\frac{4}{5} \div \frac{1}{3} = \frac{4}{5} \times 3 = \frac{12}{5}$　（答え）$\frac{12}{5}$ a

４ 分数÷分数① 数直線と面積図

ワークシート

月　日

名前

1 次の問題を「数直線と面積図」に表し，式と答えを求めましょう。

> かべにペンキをぬっています。$\frac{1}{4}$時間で$\frac{2}{5}$㎡のかべをペンキでぬりました。
> １時間では何㎡のかべをぬることができるでしょう。

(1) （　）にあてはまる数をかき入れましょう。

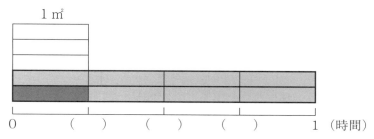

(2) (1)の面積図の　　　　　は何㎡ですか。　　　　　　　　（答え）　　　　㎡

(3) 式にかいて，答えを求めましょう。

（式）（　　　　）÷（　　　　）＝ $\frac{(\ \ )}{(\ \ )}$ ×（　）

　　　　　　　　　　　　＝ $\frac{(\ \ )}{(\ \ )}$　　　　　　　　（答え）　　　　㎡

2 次の問題を「数直線と面積図」に表し，式と答えを求めましょう。

> $\frac{1}{3}$時間で$\frac{4}{5}$ aの畑を耕しました。１時間では，何aの畑を耕すことができるでしょうか。

(1) 「数直線と面積図」にかきましょう。

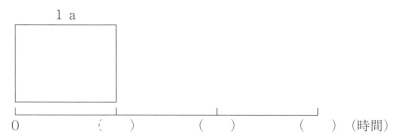

(2) 式にかいて，答えを求めましょう。

（式）

（答え）

5 分数÷分数② 2本の数直線

1 指導のポイント

分数÷分数の学習では，1に当たる量を求めるという関係を捉えさせるために下のような「2本の数直線」を用いる。$\frac{2}{5}$に対応する数が$\frac{1}{4}$のとき，1に対応する大きさを求めるための計算であることを「2本の数直線」から捉え，計算の仕方を考えさせる。このことは，第5学年の小数でわる場合と同じである。どうしてそのように計算したかなど，児童が今まで学習してきたことを生かして考え，説明する活動を通して式と図を関連づけることができるようにすることが大切である。

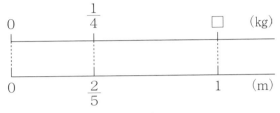

2 指導の手順

$\frac{3}{4}$mの重さが$\frac{2}{3}$kgの鉄の棒があります。この鉄の棒1mの重さは何kgでしょうか。

手順1 どんな式になるか考える。
- 1m当たりの重さを求めることから式をつくる。
  分数÷分数ができることを数直線で考えるようにする。
- $\frac{2}{3} \div \frac{3}{4}$

手順2 数直線を使って，なぜわり算になるのか考える。

> 数直線を使って，なぜわり算になるのかを考えましょう。

- 整数など，簡単な数に置き換えて考えるとわり算になる。
- 数直線の1mに対応する重さを考えるとわり算になる。

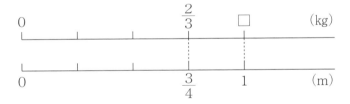

手順3 わり算の式になることを説明する。
- 「長さを2m，重さを6kgと置き換える。2mを1m当たりにするためには2mを2で割る。だから6kgを2で割る。分数でも同じ考え方なので，$\frac{2}{3} \div \frac{3}{4}$になる。」

(解答)　1　(1)(式) $\frac{4}{5} \div \frac{3}{4}$　(2)①略　② 手順2 ・ 手順3 参照　(3)(答え) $\frac{16}{15}$kg
　　　　2　(1)(式) $\frac{3}{7} \div \frac{4}{7}$　(2)①略　② 手順2 ・ 手順3 参照　(3)(答え) $\frac{3}{4}$kg

5 分数÷分数② 2本の数直線

ワークシート

月　日

名前

1 次の問題を「2本の数直線」で表し，重さを求める式について考えましょう。

> $\frac{3}{4}$ mの重さが $\frac{4}{5}$ kgの鉄の棒があります。この鉄の棒1mの重さは何kgでしょうか。

(1) どんな式になるか考え，考えた式をかきましょう。
　　（式）

(2) 上の問題を，「2本の数直線」にかき，その式になる理由を考えましょう。
　　① 2本の数直線

　　② その式になる理由

(3) 答えを求めましょう。

　　　　　　　　　　　　　　　　　　　　　　　　　　　　（答え）

2 次の問題を「2本の数直線」に表し，式と答えを求めましょう。

> $\frac{4}{7}$ Lの重さが $\frac{3}{7}$ kgの油があります。この油の1Lの重さは何kgでしょうか。

(1) どんな式になるか考え，考えた式をかきましょう。
　　（式）

(2) 上の問題を，「2本の数直線」にかき，その式になる理由を考えましょう。
　　① 2本の数直線

　　② その式になる理由

(3) 答えを求めましょう。

　　　　　　　　　　　　　　　　　　　　　　　　　　　　（答え）

6 比とその利用① 線分図

1 指導のポイント

　ここでの線分図は，比の一方の数量を求める問題を理解し解決するために活用することがねらいである。
　「比」は，2つの数量を比較しその割合を表すとき，簡単な整数の組を用いて表す方法である。具体的な場面において，比の相等を使って問題解決を図る際，線分図は大変有効である。

2 指導の手順

> すの量とサラダ油の量の比を2：3にしてドレッシングをつくります。
> サラダ油の量を150mLとすると，すは何mLいりますか。

手順1 できあがったドレッシングの量を線分図に表す。

　　　　　すの量　　　　　　サラダ油の量
　もとにする量の2つ分　　もとにする量の3つ分

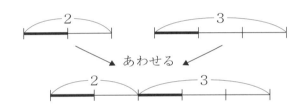

もとにする量を1として考えましょう。

手順2 サラダ油の量150mLを線分図に表す。

A：もとにする1つ分の量を求めましょう。

B：150mLの何倍になるか考えましょう。

手順3 線分図を基に，式と答えをかく。

（式）A：$150 \div 3 = 50$　　　　（式）B：$150 \times \dfrac{2}{3} = 100$
　　　　$50 \times 2 = 100$

　　　（答え）100mL　　　　　　　　（答え）100mL

（解答）　1　(1) ア 3　イ 4　ウ 24　(2)（式）$24 \div 3 = 8$　$8 \times 4 = 32$
　　　　　　　　　　　　　　　　　　　　　　$24 \times \dfrac{4}{3} = 32$（答え）32cm

　　　　　2　(1) 略　(2)（式）$200 \div 5 = 40$　$40 \times 4 = 160$
　　　　　　　　　　　　　　　$200 \times \dfrac{4}{5} = 160$（答え）160mL

6 比とその利用① 線分図

月　日

名前

1 次の問題を線分図に表し，式と答えを求めましょう。

> 縦の長さと横の長さの比が３：４の長方形があります。
> 縦の長さを24cmとすると横の長さは何cmでしょう。

(1) 下の線分図の（　）にあてはまることばや数を入れましょう。

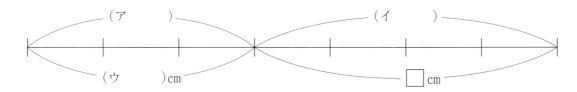

(2) 式と答えをかきましょう。

（式）

　　　　　　　　　　　　　　　　　　　　　　　　（答え）

2 次の問題を線分図に表し，式と答えを求めましょう。

> 水をAとBの２つのコップに５：４の比で注ぎます。
> Aのコップに200mL注いだとすると，Bには何 mL 注げばよいでしょう。

(1) 線分図にかきましょう。

① まず，AとBのコップの比は５：４

② 次に，Aのコップに200mL

③ そして，求めているのはBのコップの量

---- 線分図 ----

(2) 式と答えをかきましょう。

（式）

　　　　　　　　　　　　　　　　　　　　　　　　（答え）

7 比とその利用② 関係図

1 指導のポイント

ここでの関係図は，全体の数量を決まった比に分ける問題を理解できるようにすることがねらいである。そこで，求める量が全体のどれだけに当たるのかを関係図に表し，数量の関係を矢印を用いて図に表すことにより，理解を深めさせるようにする。

2 指導の手順

> みゆきさんは，お母さんからもらった長さ3.5mのリボンを，妹と分けることにしました。みゆきさんの分と妹の分の長さの比を3：2にするには，それぞれ何mずつにわけたらよいでしょう。

手順1 みゆきさんと妹と全体の関係を線分図に表し，
みゆきさんと全体の比を考えて図に表す。

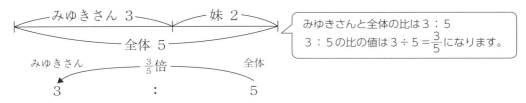

みゆきさんと全体の比は3：5
3：5の比の値は $3 \div 5 = \frac{3}{5}$ になります。

手順2 みゆきさんと全体の数量をかき加える。

全体の量は，3.5mです。みゆきさんの量を□mとしてみましょう。

手順3 みゆきさんは全体の何倍になっているか考える。

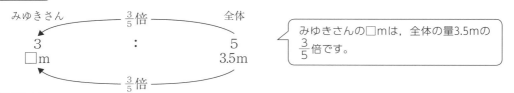

みゆきさんの□mは，全体の量3.5mの $\frac{3}{5}$ 倍です。

手順4 関係図を基に，式と答えをかく。

みゆきさんの分（式）$3.5 \times \frac{3}{5} = 2.1$　　妹の分（式）$3.5 \times \frac{2}{5} = 1.4$　$(3.5 - 2.1 = 1.4)$

（答え）みゆきさん2.1m　妹1.4m

（解答）　1　(1) ア 4　イ $\frac{4}{9}$　ウ 720　エ $\frac{4}{9}$

(2)（式）$720 \times \frac{4}{9} = 320$　$720 \times \frac{5}{9} = 400$　（答え）あかねさん320円，お兄さん400円

2　図は略，（式）$36 \times \frac{2}{9} = 8$　$36 \times \frac{7}{9} = 28$　（答え）赤いあめ8個，白いあめ28個

7 比とその利用② 関係図

ワークシート

名前

月　日

1 次の問題を読みましょう。

> あかねさんとお兄さんは，お金を出しあって720円の本を買うことにしました。
> あかねさんが出す分とお兄さんが出す分の比を4：5にすると，それぞれ何円ずつ出せばよいでしょう。

(1) (　) にことばや数を入れて，関係図を完成させましょう。

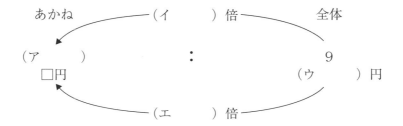

(2) 問題を解きましょう。
（式）

　　　　　　　　　　　　　　　　　　　　　　　　　（答え）

2 次の問題を関係図に表し，式と答えを求めましょう。

> 赤いあめと白いあめが全部で36個あります。赤いあめと白いあめの個数の比は，2：7です。赤いあめと白いあめは，それぞれ何個あるでしょう。

---- 関係図 ----

（式）

　　　　　　　　　　　　　　　　　　　　　　　　　（答え）

8 資料の調べ方 数直線

1 指導のポイント

　ここでの数直線は，順序的性質を用いて，ちらばり具合を調べていくことがねらいである。それは，数直線上にドットを打つことで，ちらばりの様子（中央値，最頻値，範囲）が分かりやすくなり，2グループの記録を比べたり，それぞれのグループの特徴を捉えたりすることができるからである。落ちや重なりがないようにする工夫を考えさせ，数直線を導入する。

2 指導の手順

> ソフトボール投げの結果をちらばりのようすがよく分かるように表そう。
>
> ソフトボール投げの結果
>
> | 6年A組の結果 | | | | | |
> |---|---|---|---|---|---|
> | 番号 | 記録(m) | 番号 | 記録(m) | 番号 | 記録(m) |
> | ① | 13 | ⑪ | 18 | ㉑ | 36 |
> | ② | 24 | ⑫ | 11 | ㉒ | 28 |
> | ③ | 29 | ⑬ | 25 | ㉓ | 29 |
> | ④ | 15 | ⑭ | 40 | ㉔ | 18 |
> | ⑤ | 38 | ⑮ | 33 | ㉕ | 16 |
> | ⑥ | 22 | ⑯ | 22 | ㉖ | 21 |
> | ⑦ | 33 | ⑰ | 37 | ㉗ | 29 |
> | ⑧ | 24 | ⑱ | 26 | ㉘ | 20 |
> | ⑨ | 36 | ⑲ | 24 | ㉙ | 29 |
> | ⑩ | 40 | ⑳ | 32 | | |
>
> | 6年B組の結果 | | | | | |
> |---|---|---|---|---|---|
> | 番号 | 記録(m) | 番号 | 記録(m) | 番号 | 記録(m) |
> | ① | 23 | ⑪ | 26 | ㉑ | 27 |
> | ② | 17 | ⑫ | 30 | ㉒ | 29 |
> | ③ | 32 | ⑬ | 24 | ㉓ | 33 |
> | ④ | 35 | ⑭ | 21 | ㉔ | 18 |
> | ⑤ | 22 | ⑮ | 27 | ㉕ | 27 |
> | ⑥ | 11 | ⑯ | 20 | ㉖ | 24 |
> | ⑦ | 27 | ⑰ | 30 | ㉗ | 26 |
> | ⑧ | 29 | ⑱ | 18 | ㉘ | 40 |
> | ⑨ | 34 | ⑲ | 32 | ㉙ | 32 |
> | ⑩ | 33 | ⑳ | 29 | ㉚ | 21 |

手順1　数直線をかく。10m以上45m未満であることを確かめる。

手順2　落ちや重なりがないように，チェックを入れながら，数直線の値の所に，ドット（・）を打つ。

6年A組のちらばり方の数直線

6年B組のちらばり方の数直線

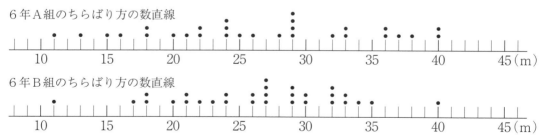

手順3　いちばん遠くへ投げた人がいる，同じ記録の人がたくさんいるなど，2つの組の結果を比べる。

（解答）(1)数直線は略，桜組の平均点29.9点，梅組の平均点29.4点
　　　　(2)①45，桜　②31，30　③桜，2　④11，10　⑤12，10

8 資料の調べ方 数直線

ワークシート

月　日

名前

きらめき小学校の6年生のソフトボール投げの結果です。

ソフトボール投げの結果

6年桜組の結果					
番号	記録(m)	番号	記録(m)	番号	記録(m)
①	21	⑪	26	㉑	30
②	31	⑫	16		
③	42	⑬	42		
④	23	⑭	18		
⑤	24	⑮	21		
⑥	35	⑯	38		
⑦	45	⑰	29		
⑧	23	⑱	28		
⑨	31	⑲	31		
⑩	41	⑳	33		

6年梅組の結果					
番号	記録(m)	番号	記録(m)	番号	記録(m)
①	40	⑪	37	㉑	28
②	36	⑫	30	㉒	24
③	26	⑬	28		
④	30	⑭	32		
⑤	19	⑮	42		
⑥	21	⑯	37		
⑦	33	⑰	30		
⑧	16	⑱	33		
⑨	38	⑲	21		
⑩	24	⑳	22		

(1) 桜組と梅組の記録をくらべます。

　　結果を数直線に表してくらべましょう。また，桜組，梅組の記録のそれぞれの平均を出して，赤色で☆印をつけましょう。平均点は，小数第1位までの概数で表しましょう。

(桜組) 平均点（　　　点）

(梅組) 平均点（　　　点）

(2) 次の文章の（　　）に適切なことばや数を入れましょう。

① いちばん遠くまで投げた記録は，（　　　）mで，（　　　）組にいます。

② 桜組は（　　　）m投げた人がいちばん多く，梅組は（　　　）m投げた人がいちばん多いです。

③ 40m以上の人は，（　　　）組の方が，（　　　）人多いです。

④ 桜組は平均より遠くに投げた人が（　　　）人，短かった人が（　　　）人です。

⑤ 梅組は平均より遠くに投げた人が（　　　）人，短かった人が（　　　）人です。

おわりに

　時代の大きなうねりの中で，教育界は大きな変遷を遂げてきました。さらには，次期（平成28年度）学習指導要領の改訂も進められています。豊かな資質・能力を身に付けたその時代にフィットする人材の育成に向けて，議論が交わされているところです。次期の学習指導要領のキーワードの一つに「教育方法論」があります。「どのように教えるか」ということが，非常に重要になってくると考えています。

　私たち北九州市の算数研究会の有志は，「はじめに」にもあるように，これまで数冊の算数教育に関わる書を発刊してまいりました。最初は，本市の算数教育の拠点とも言うべき市立門司中央小学校において，研究同人がまとめた『すぐに役立つ！365日の算数授業づくりガイドブック』です。教師力をアップする57のスタンダードがまとめられています。次は，新学習指導要領の全面実施に対応し，「思考力・表現力・活用力」のための『活用力・思考力・表現力を育てる！　365日の算数学習指導案』です。これは，全学年全単元の主要場面を網羅し，これから算数を研究していこうという若年教師からベテランまでカバーするガイドブックです。低・中・高の３分冊としました。さらに，前回発刊の書を発展させ，板書に特化してまとめあげた『算数授業に役立つ！重要単元の学習指導案＆板書モデル35』です。各学年重要単元の重要場面を選定し，算数入門者にも分かりやすく記述しています。

　いずれも見開き２ページにコンパクトに整え，見やすく使いやすく工夫をしています。

そして，今回が6冊目の発刊となります。1時間の授業を展開していく上で，教師はさまざまな表現方法（様式・手段）を用います。児童の思考を助けコンフリクトを誘い，数理を導くために，「どのように教えるか」は大変重要であると考えます。そのどのように教えるかに視点を当てて，表現方法に特化した本書をまとめました。今までの出版物とは明確に異なります。

　本書の方向性は決まりましたが，表現方法（様式・手段）や場面の選定，複数の研究同人の統一，簡潔にまとめる困難性などの問題から，編集はなかなか進みませんでした。何回も編集会議を重ね，やっと発刊のときを迎えることができました。本書も見開き2ページにまとめ，左ページは表現方法（様式・手段）の手順，右ページはそのままコピーして使えるワークシートとなっています。

　是非，本書を手元に置き算数授業の場で多くの方に活用していただきたいと願っています。

　発刊に当たり，監修をしていただきました愛知教育大学の志水廣先生，編集をしていただきました東筑紫短期大学の前川公一先生，いつも心優しく支えていただく明治図書の教育書部門編集部の木山麻衣子氏に厚くお礼を申し上げます。

平成27年1月

事務局　中島賢士

【執筆者紹介】

監修者	志水　　廣	愛知教育大学教授
編著者	前川　公一	東筑紫短期大学准教授
顧問	髙杉　由明	お宮の里幼稚園長
	古賀　隆博	(元)北九州市立大里東小学校長
事務局	中島　賢士	北九州市立柄杓田小学校長

指導者

植本　新一	(前)北九州市立上津役小学校長		中村　昌平	北九州市立田原小学校長
小笠原有子	北九州市立徳力小学校長		萬徳　紀之	北九州市立黒崎中央小学校長
鍛冶　　孝	北九州市立城野小学校長		溝口　忠幸	北九州市立中井小学校長
新森　修二	北九州市立井堀小学校長		米田　幸光	北九州市立門司中央小学校長
末武　正好	北九州市立貴船小学校長		渡邉　安朗	北九州市立横代小学校長

執筆者

1年

萬徳　紀之	北九州市立黒崎中央小学校長
村尾　　隆	北九州市立花尾小学校教頭
外尾　賢吾	北九州市立白野江小学校教頭
有吉　綾子	北九州市立白野江小学校教諭
富原早都実	北九州市立則松小学校教諭
堀尾　亜以	北九州市立藤木小学校教諭

2年

植本　新一	(前)北九州市立上津役小学校長
城戸　正三	北九州市立星ヶ丘小学校教頭
竹本　正浩	福岡教育大学附属小倉小学校教官
加藤　恵美	北九州市立今町小学校教諭
柴田美智子	北九州市立青葉小学校教諭
松井　　章	北九州市立大里南小学校教諭

3年

中村　昌平	北九州市立田原小学校長
米田　幸光	北九州市立門司中央小学校長
上野　隆司	北九州市立西門司小学校教頭
陰平　尚子	北九州市立枝光小学校教頭
田口　　誠	北九州市立医生丘小学校教頭
山本　高史	北九州市立大谷小学校教諭

4年

福澤　映二	北九州市立門司中央小学校教頭
奥　浩太郎	北九州市教育委員会指導部指導主事
佐尾　一郎	北九州市立大里東小学校主幹教諭
西村　美樹	北九州市立高須小学校教諭
福留　晴美	北九州市立高須小学校教諭
安河内健二	北九州市立小森江西小学校教諭

5年

溝口　忠幸	北九州市立中井小学校長
豊沢　淳一	北九州市立木屋瀬小学校長
髙松　勝也	福岡教育大学准教授
吉田　安孝	北九州市立すがお小学校主幹教諭
安立　大輔	北九州市立南小倉小学校教諭
隠崎　享子	北九州市立港が丘小学校教諭
川嶋　　涼	北九州市立西小倉小学校教諭
西山こずえ	北九州市立到津小学校教諭
本村　英祐	北九州市立黒崎中央小学校教諭

6年

髙松　勝也	福岡教育大学准教授
織田　慎也	北九州市立藤松小学校教頭
岸下　宣之	北九州市立小石小学校教頭
木下　経之	北九州市立萩原小学校教頭
倉方　寿士	北九州市立志井小学校教頭
吉田真須美	北九州市立藤木小学校主幹教諭
大野　絵美	北九州市立小倉中央小学校教諭
梶沼　光弘	北九州市立若松中央小学校教諭
藤田　克典	北九州市立大里東小学校教諭

【監修者紹介】

志水　廣（しみず　ひろし）

1952年，神戸市生まれ，大阪教育大学卒業。神戸市の公立小学校に勤務後，兵庫教育大学大学院修了（数学教育専攻）。筑波大学附属小学校教諭，愛知教育大学数学教育講座教授を経て，現在同大学大学院教育実践研究科教授。各地の小学校で師範授業や指導講演をして活動中。主著に，『算数授業のユニバーサルデザイン　5つのルール・50のアイデア』，『「愛」と「心」を育てる算数授業』，『言語力を育てる！算数教科書の定義・定理（性質）事典　教えることと考えさせることを区別する』，『算数授業に役立つ！重要単元の学習指導案＆板書モデル35』，『若手教師必携！算数教科書の用語・記号教え方ガイドブック』，『活用力・思考力・表現力を育てる！　365日の算数学習指導案（全3巻）』，『すぐに役立つ！　365日の算数授業づくりガイドブック』，『「愛」で育てる算数数学の授業―授業はキャッチ＆リスポンス』（いずれも明治図書）などがある。

【編著者紹介】

前川　公一（まえかわ　こういち）

1949年，北九州市生まれ，長崎大学教育学部卒業。北九州市立小学校勤務後，兵庫教育大学大学院修了。北九州市立教育センター指導主事，北九州市立小学校の教頭・校長を経て，現在東筑紫短期大学准教授。各地の研究発表会等の講師として活躍中。主著（分担執筆）に，『なるほど算数大好き　算数科おもしろゼミナール』（あらき書房），『小学校授業研究法マニュアル』（教育出版），『算数授業に役立つ！重要単元の学習指導案＆板書モデル35』，『活用力・思考力・表現力を育てる！　365日の算数学習指導案（全3巻）』，『すぐに役立つ！　365日の算数授業づくりガイドブック』，『学級経営重要用語300の基礎知識』（いずれも明治図書），『新時代を担う小学校経営の基本』（第一公報社），『こうすれば学力は伸びる』（ぎょうせい），『全員参加の学級・授業づくりハンドブック』（黎明書房）などがある。

〔本文イラスト〕木村　美穂

算数教科書の「図」はこう教える！
数学的な表現方法教え方ガイドブック

2015年2月初版第1刷刊　Ⓒ監修者　志　水　　廣
　　　　　　　　　　　　編著者　前　川　公　一
　　　　　　　　　　　　発行者　藤　原　久　雄
　　　　　　　　　　　　発行所　明治図書出版株式会社
　　　　　　　　　　　　　　　　http://www.meijitosho.co.jp
　　　　　　　　　　　（企画）木山麻衣子（校正）有海有理
　　　　　　　　　　　〒114-0023　東京都北区滝野川7-46-1
　　　　　　　　　　　振替00160-5-151318　電話03(5907)6702
　　　　　　　　　　　ご注文窓口　電話03(5907)6668
＊検印省略　　　　　　　組版所　株式会社明昌堂
　　　　　　　　　教材部分以外の無断コピーは，著作権・出版権にふれます。ご注意ください。
Printed in Japan　　　　　　　　　ISBN978-4-18-179215-2

算数の重要単元の板書・指導案づくりをフルサポート！

算数授業に役立つ！
重要単元の学習指導案＆板書モデル35

志水廣監修／前川公一編著

B5判・160頁・本体2,560円+税　図書番号：0337

算数の学習指導案はどのようなことを踏まえて作成すればいいのか、重要単元の板書はどのようにまとめればいいのか、またどのような発問で授業を進めればいいのかなど、1～6年までの重要単元についての授業＆板書のノウハウを丁寧に解説・紹介したオススメの1冊です！

▶掲載している内容

第1章　思考力・表現力・活用力を育てる算数授業づくりのポイント／第2章　第1学年　重要単元の学習指導案＆板書モデル（数と計算　ブロックをつかっておはなしをしよう、量と測定　どちらがながいかな？、図形　にている　かたちは？他）他

この1冊で、365日の算数授業づくりがバッチリできる！

活用力・思考力・表現力を育てる！
365日の算数学習指導案

志水廣監修／前川公一編著

▶ **1・2年編**　B5判・128頁・本体2,360円+税　図書番号：0808
▶ **3・4年編**　B5判・132頁・本体2,260円+税　図書番号：0809
▶ **5・6年編**　B5判・144頁・本体2,360円+税　図書番号：0810

各単元の冒頭で「育てたい数学的な思考力・表現力、活用力」を設定し、授業の展開では、問題、めあて、予想される児童の反応、適用・練習問題、学習のまとめといった基本的な1時間の流れを、略案形式でコンパクトに紹介した学年別算数授業づくりのパーフェクトガイド。

学校全体で取り組みたい！子どもを算数好きにする57の技

すぐに役立つ！
365日の算数授業づくりガイドブック

教師力をアップするスタンダード57

志水廣・前川公一編著／北九州市立門司中央小学校著

B5判・104頁・本体2,060円+税　図書番号：5658

教師のための学習指導案のかき方から数字や記号・単位などのかき方指導、10・12マスのノート指導、教具の使い方指導、評価や教室環境づくりのポイントなどまで、日々の授業ですぐに役立つアイデアが満載！　算数ゲーム付。

▶掲載している内容

Part1　確かな学力を身に付ける算数授業づくりを目指して（1　新学習指導要領が目指す算数教育の実現に向けて他）Part2　365日の授業に役立つ！　スタンダード57（授業前に押さえたいスタンダード、言語力を育てる算数授業スタンダード他）

明治図書　携帯・スマートフォンからは **明治図書ONLINE**へ　書籍の検索、注文ができます。▶▶▶

http://www.meijitosho.co.jp　＊併記4桁の図書番号（英数字）でHP、携帯での検索・注文が簡単に行えます。

〒114-0023　東京都北区滝野川7-46-1　ご注文窓口　TEL 03-5907-6668　FAX 050-3156-2790

＊価格は全て本体価格表示です。